Felipe Garrido

CON CANTO NO APRENDIDO

letras mexicanas

FONDO DE CULTURA ECONOMICA

CON CANTO NO APRENDIDO

FELIPE GARRIDO

CON CANTO
NO APRENDIDO

letras mexicanas

FONDO DE CULTURA ECONÓMICA

Primera edición, 1978

D. R. © 1978, Fondo de Cultura Económica
Av. de la Universidad, 975; México 12, D. F.

ISBN 968-16-0153-X

Impreso en México

A Rebeca

CON CANTO NO APRENDIDO

DANIEL colocó la mano derecha por encima de los ojos, con la palma vuelta hacia abajo. Contra el rostro ciego del sol enemigo, quería fabricarse una sombra que le permitiera distinguir quiénes llegaban hasta el jardín por el rumoroso sendero de tezontle.

—Más vale tarde —exclamó con apresuramiento, como impulsada por el propósito de ahogar por anticipado toda posible recriminación, una mujer pequeñita, de anteojos oscuros, que marchaba al frente.

—Usted siempre estará a tiempo; no se preocupe.

—Creí que jamás se acabaría esa carretera. No se imaginan ustedes cómo está.

—Es lo mismo cada fin de semana.

—No, no, ahora es mucho más.

Las bugambilias entrelazadas dejaban aquel último rincón exento de los rigores del sol. Sobre una gran mesa de piedra pulida, botellas y vasos refulgían en ese armonioso desorden en que el uso arroja a los objetos. Las sillas de lona, descoloridas y ruinosas, eran equívocas trampas donde quedaba cautiva toda voluntad de movimiento. Del otro lado de la escarpada barranca la ciudad trepaba suavizada por la vegetación, la distancia y el calor; en lo más alto una opaca cruz de hierro culminaba el campanario de la catedral.

Héctor se desprendió de la mano de su mujer. Se puso de pie para saludar a los recién llegados. Se esforzó por descubrir la mirada de doña Alicia. Los anteojos le devol-

9

vieron la suya propia. Su gesto concentrado. La intensidad de su pesquisa, contra un fondo de palmeras vigilantes.

Tres escalones de piedra, manchados por el musgo, separaban el rincón de las bugambilias del resto del jardín. Héctor tomó asiento en el primero y en seguida se recostó hacia atrás hasta quedar acodado en el último peldaño. Cuando alzó de nuevo la vista se sintió turbado por la fijeza con que lo observaba su esposa.

Gabriela besó a doña Alicia en la mejilla, inclinándose para alcanzarla, y saludó con discreta solemnidad al matrimonio que acompañaba a la mujercita. Dos esbeltos vasos color de ámbar, donde el hielo concentraba todos los brillos del moroso mediodía, interrumpieron, en manos de Daniel, el ritual de las presentaciones.

—Para usted lo de siempre —mientras señalaba con el mentón hacia la mesa.

—Siéntese mejor acá, que hace demasiado calor —ofreció Gabriela, abanicándose con las manos.

—¿No habrá animales?

—¿Usted cree?

El cielo era una gran mancha azul surcada a veces por urracas resplandecientes.

—Alguien me lo contó. Fue algo que sucedió hace dos o tres años, no sé yo cuándo. Me impresionó mucho. Me dijeron que era apenas un muchacho, un niño acaso —la voz de Arturo venía desde el fondo de la trampa; requirió ejercer un gran esfuerzo para arrancarse de la silla sin derramar el vaso.

—Usted sí que no pierde el tiempo.

—Qué quiere, doña Alicia, fuimos puntuales.

Gabriela levantó la cabeza y la volvió hacia el extremo más oscuro, más perfumado, más recóndito del jardín, bajo las trenzadas bugambilias. Héctor siguió la mirada de su mujer. Terminó por verla así. Por mirarla a la distancia. Encalló en el escote. Toda la espalda al descubierto. Antes alcanzó a distinguir a Rodrigo. Lo vio avanzar arrastrando los pies. Llevaba los ojos entrecerrados. Javier y Eduardo lo seguían.

—Ya me lo han dicho muchas veces, pero yo insisto: para mí es un Tláloc —dijo el viejo con la papada temblorosa, antes de extender ambas manos hacia doña Alicia.

—¡El que se fue a la Villa! —Arturo se dejó caer sobre el césped y tomó la mesa como respaldo. Tan quieta estaba el agua de la alberca, tan al parecer sólo figurada, sin una nube siquiera para reflejarla, que le lanzó en el centro una hiriente flor de bugambilia.

—¿Quieren nadar. . . o algo? Allá arriba tengo trajes de baño —Daniel apuntó vagamente hacia la casa, de tejas verdeantes y muros color mostaza.

—Yo prefiero. . . o algo —Eduardo contempló con recatada picardía el cuerpo esbelto de Gabriela, ¿como el de una palmera?

—Mientras nos dure el whisky, qué más queremos —Javier no encontró ya hielo.

Doña Alicia vio a su sobrino sentado en el suelo. A su lado, en una de las sillas, su mujer tenía el aspecto de una persona preocupada por el afán de mantenerse a la altura de las circunstancias. Se detuvo en los gigantescos aretes dorados —aunque no de oro, eso podría jurarlo—, en la boca grande y demasiado pintada —con ese mal gusto, tan lamentable—, en las cejas depiladas, reemplazadas por altas ojivas grises que el sudor deformaba y borraba en algunos puntos. Se dijo que Celia se veía gastada, ruinosa. La recordó diez años atrás, vestida de blanco, y se dijo que era muy posible que ya entonces Celia se hubiese visto así.

Rodrigo tomó una silla de madera, de espaldar alto y estrecho, y se acomodó en ella trabajosamente —albeante y olorosa la entraña del encino.

—Si me siento en una de las de lona, después no hay quien me levante —explicó entre risas que le hacían temblar la papada. Alargó las piernas y entrelazó las manos sobre ellas. Vio a Javier, cómo hurgaba en la hielera, y quiso incorporarse, pero Daniel lo detuvo con un gesto.

—Deja, deja. Tú descansa —emprendió la caminata hacia la casa con el cacharro en las manos.

—No lo encontraron hasta el día siguiente. Y eso ya muy tarde, porque en esos días del festival quién iba a madrugar. Si a muchos les amanecía todavía en la calle, sin que hubieran cerrado los ojos. No pudo soportar la frustración.

La alberca había recobrado su quietud, su calidad cristalina. Y en el centro la flor parecía viva.

Hubiera querido hallarse a solas con ella, en ese mismo jardín, en la intimidad de las bardas rabiosamente florecidas, y entonces besar su espalda, tibia y morena, ¿como una playa desierta?

Observó cómo el sudor se acumulaba bajo los ojos sombreados de violeta. Se preguntó si habrían sido ya tan apagados diez años antes. Seguramente no, o ¿quién sabe?

Javier cubrió con whisky los dos cubitos de hielo; en seguida sirvió un poco de agua mineral y dio medio paso atrás para escapar de la repentina erupción de las burbujas. Tomó asiento en el segundo escalón, casi al lado de Arturo.

—Pero, ¿cómo supieron que lo hizo por eso?

—Dejó una carta.

—El viejo truco —también Eduardo había quedado encallado en el escote.

—Era una carta breve y muy hermosa. Según me dijeron, terminaba con estas palabras: "A los veinte años no es posible fracasar."

—¡Veinte años! —Rodrigo se tomó la papada con la mano izquierda; ladeó la cabeza para aguzar la memoria.

—Su verdadero fracaso fue haber terminado así —Javier se percató de que doña Alicia, por detrás de los anteojos impenetrables, no apartaba la vista de sus sobrinos.

—Todo depende de lo que cada quien aguante —Celia vaciló, sonrió para disculparse, aspiró profundamente el perfume a humedad del mediodía, miró de reojo a su marido, mas él continuó con la vista fija en el centro de la alberca, donde el pequeño cadáver bermellón flotaba con una ilusión de vida.

Jorge, en cambio, le parecía, no había sido tan agraviado por el paso de los años. Si fuera capaz de fingir un poco de interés en algo de cuanto lo rodeaba podría incluso conservar cierta apariencia de lozanía —pues la superficie era vigorosa, resistente, acerada como la corteza de una ceiba. A pesar de que verdaderamente lo intentó con ahínco no logró recordarlo diez años atrás.

Recobró primero el golpe isócrono del mar y su pelleja de plomo o de añil. Los acantilados inexpugnables y sobre ellos acurrucada la aldea: las casucas blancas con la huerta en torno y por detrás las montañas. El sendero pedregoso que bajaba a la playa y él sentado en el tronco torcido de un avellano, las piernas colgantes, esforzándose por imaginar la América, mientras en casa, entre lágrimas y bendiciones, le armaban la diminuta maleta de hojalata.

13

Gabriela sintió sobre la espalda la caricia de la doble mirada y se fue ruborizando a medida que ésta se hacía más amplia y suave e insistente y abarcaba los más apartados límites de la superficie que la luz dejaba al descubierto. Se levantó de la mesa, encima de la cual se hallaba sentada, y fue al lado de Héctor, en los escalones. Se cobijó con uno de sus brazos y escondió el rosto contra su cuello.

Dos largas campanadas cayeron desde la catedral, rodaron por la barranca, rebotaron en la sima, llegaron brillantes y redondas, hicieron que Eduardo diera media vuelta y se dirigiera hasta ese lugar donde más oscuro era el jardín. Una figurilla de barro ocupaba una pequeña gruta formada con trozos de basalto. Había a sus pies, dormida, una vasija figulina de poco fondo —agua oscura, sin sonido. Recordó el tacto de sus dedos, ¿fresco como la lluvia?, y sintió una invencible congoja. Podría haber llorado, haber gritado, haberse arrojado de cabeza a la barranca.

Sintió que alguien lo palmeaba en una rodilla para devolverlo al presente. Se preguntó si acaso él también había fracasado. Dos fábricas, un par de casas, algunos automóviles, cuadros, un buen lote en el Panteón Español. ¿Sería eso lo que había soñado a horcajadas sobre el avellano, cuarenta y siete años atrás, frente al Cantábrico gris?

—¡Cuál aguantar ni cuál nada! Lo bonito de la historia son las ganas de aventarse, la capacidad de entrega. Yo pongo mi vida en un proyecto, digamos en una canción, como entonces; si me lo hunden, ¿qué otra me queda?

Arturo se mesó los cabellos nocturnos, largos hasta cubrirle los hombros. Ensombreció la mirada y cruzó los brazos sobre el pecho. Se dejó hundir en la silla.

14

—Dame tu vaso. Yo te lo lleno, maestro —Javier rescató los dos últimos cubitos de hielo.

—¿Quién era?

—No sé cómo se llamaba, pero era un italiano. Ni siquiera sé bien cuándo sucedió. Eso en realidad no importa. Ahora volvería a ser lo mismo.

—¿Llevaba mucho tiempo estudiando?

Arturo alzó las cejas: —No lo creo. Eso no se estudia. El suyo era un canto natural.

Celia sintió la mirada de doña Alicia; aquello era como pasar un examen. Se quitó el sudor de la frente con el dorso de la mano. Vio la espalda de su marido y más allá la alberca quieta. En su centro la flor comenzaba a sumergirse. Adivinó entonces los ocultos ojos de la tía, empequeñecidos para no perder ningún detalle. Con ese mismo gesto la conoció. Ya en aquellos días con ese mismo ceño autoritario, esa misma mirada implacable, esa misma respiración contenida, esos mismos puños, cerrados siempre, a la ofensiva.

Eduardo llegó hasta los verdinegros escalones y se sentó junto a Gabriela. Lo confortaba tenerla en su vecindad; rozarla de improviso, sin querer o casi sin querer, cuando alargaba el brazo para ver qué hora era, cuando cambiaba de posición una pierna aletargada.

—No me acuerdo tampoco de cómo se llamaba su canción. Pero eso no es importante. Era algo muy triste. Alguien había muerto y él lo recordaba al ver la forma en que el viento hacía cabecear a los árboles.

—No era muy original, ¿no es cierto? —tal vez quiso añadir algo, mas no se lo permitió la dura mirada de Jorge.

—¿Qué te parece el jardín? —Gabriela alargó la pierna hasta que alcanzó a tocar con su zapato el de Eduardo.

15

—Es el Paraíso —sus ojos pusieron la mayúscula.

—Ni quien se acuerde del *smog*.

—Pero me parece que Eva no se ha dado cuenta —el rubor le demostró que eso no era cierto.

Desde la hundida silla de lona, Arturo agitó los cabellos, clavó la vista en lo azul radiante, alargó el brazo derecho con la mano extendida:

> *Cuán bienaventurado*
> *aquel puede llamarse*
> *que con la dulce soledad se abraza,*
> *y vive descuidado,*

Se puso de pie, iluminado. Doña Alicia, según su antigua costumbre, echó hacia el frente todo el cuerpo, pero particularmente los espejeantes anteojos oscuros: entrecerró los ojos para verlo con mayor claridad.

> *y lejos de empacharse*

A Daniel le gustaba aquel gesto de inteligente concentración.

> *en lo que al alma impide y embaraza.*
> *No ve la llena plaza,*

Se quedó de pie, con los dos vasos, uno en cada mano, cada uno con su par de tintineantes trocitos de hielo. Como siempre, le sorprendía la memoria de Arturo y, más aún, su capacidad para cargar de significado un simple ademán, una inflexión de la voz, una mirada que podría haber parecido improvisada. Era como si las palabras encontrasen imprevistas maneras de multiplicar sus sentidos.

16

> *ni la soberbia puerta*
> *de los grandes señores,*
> *ni los aduladores*
> *a quien la hambre del favor despierta;*

Héctor se apresuró a desviar la mirada. Dejó a un lado a la atenta mujercita. Estaba maravillado. Su mujer seguía los versos con insospechada atención.

> *no le será forzoso*
> *rogar, fingir, temer y estar quejoso.*
>   *A la sombra holgando*
> *de un alto pino o robre,*
> *o de alguna robusta y verde encina,*

Repetía las palabras por lo bajo, como si tuviera la pretensión de atesorarlas en la memoria. Resonaba en ellas la antigua voz trasatlántica.

> *el ganado contando*
> *de su manada pobre,*
> *que por la verde selva se avecina,*
> *plata cendrada y fina,*
> *oro luciente y puro,*

Afinó los oídos y quiso alejar todo triste pensamiento que le impidiera seguir, aunque fuera a la distancia, sin alcanzarlo, sin sospecharlo, el significado de aquellas palabras. Dejó que una de sus manos, las uñas color violeta, como uvas de cera, cayera sobre el hombro de Jorge.

> *baja y vil le parece,*

Al contacto con la mano, húmeda, ardiente, volvió la cabeza. Advirtió en dos planos netamente separados la tez cobriza y el abigarrado maquillaje; y ella ¿en dónde estaba? Con cierto fastidio se dio cuenta de que también él se encontraba sudando con intensidad.

> *y tanto aborrece,*
> *que aun no piensa que dello está seguro;*

Eduardo no comprendió bien los versos. Se echó hacia atrás sobre el escalón, apoyando las palmas en el musgo de tal manera que su mano tuviese, en ciertos momentos, la oportunidad de rozar la de Gabriela.

> *y como está en su seso,*

El dedo meñique de Gabriela recorrió torpemente, como sin advertirlo, el dorso de la mano de Eduardo.

> *rehuye la cerviz del grave peso.*

Sobre el cristal de la alberca brillaba engarzado el reflejo de la oscura flor de bugambilia. Era difícil decidir si todavía flotaba.

> *Convida a dulce sueño*
> *aquel manso ruido*
> *del agua que la clara fuente envía,*

Hizo un esfuerzo aún más enérgico para rescatar del pasado, de diez años atrás, la imagen de su sobrino. En seguida, quizá por causa de una asociación inevitable, trató de imaginar a ese Arturo que ahora veía diez años adelante. "Lo más probable es —se dijo mientras sonreía— que para entonces haya recortado un poco su cabello."

> *y las aves sin dueño*
> *con canto no aprendido*
> *hinchen el aire de dulce armonía;*

Daniel paladeó por anticipado los sabrosos versos finales. Se sintió transportado a la espaciosa explanada central de la Ciudad Universitaria, al pie de la ingente silueta cárdena del Ajusco,

> *háceles compañía,*

caminando por entre los pirules florecidos. Cada vez que

> *a la sombra volando,*

una ráfaga de viento los sacudía, millares de florecillas doradas llenaban la tarde;

> *y entre varios olores*

si no se cerraba la boca a tiempo, había después que escupir aquellos trocitos de sol.

> *gustando tiernas flores,*
> *la solícita abeja susurrando;*

De alguna manera, junto con el hálito de la arcilla empapada por las lluvias nocturnales, el jardín se había llenado de perfumes.

19

los árboles y el viento
al sueño ayudan con su movimiento.

Doña Alicia palmoteó con entusiasmo. Héctor se puso de pie. El meñique de Gabriela, camino al aplauso, dejó un surco finísimo sobre la mano de Eduardo.

—¡Bravo, maestro! —Javier le tendió sin prisa uno de los vasos que llevaba.

Jorge comenzaba a sentir un ligero dolor de cabeza. Volvió la vista para buscar un lugar mejor protegido contra el sol. Una tenue película de sudor cubría el rostro de Celia. Sintió ira y lástima al ver su cabello, opaco y ensortijado.

Envejecer, sentir las embestidas victoriosas del tiempo, doblarse al golpe de los años, ¿sería una manera de fracasar? Vio a Rodrigo, que había ladeado de nuevo la cabeza, como si la hubiese doblado cuidadosamente sobre la gran papada.

Más allá un rayo de luz burlaba la apretada trama de las bugambilias para iluminar la figura de barro.

—Lo encontraron en la cama, encogido, con las rodillas alzadas hasta la altura del pecho. Antes de tocarlo o de nada, apenas lo descubrieron entre las sábanas, vestido y con zapatos, se dieron cuenta de que estaba muerto.

Héctor miró la elevada cruz del campanario. Después miró la casa. La vio por encima de ellos, vigilante. Sintió el perfume del césped recién cortado. Más allá de las bardas coloridas escuchó las voces dispares que el gran barranco mezclaba y confundía. Gente que iba y venía, según fueran sus obligaciones o sus caprichos.

—La carta estaba en el piso, como si se hubiese desprendido de sus manos, y debajo de la almohada estaba la canción. ¿Cómo puede ser eso un fracaso? Fue la pura entrega. Para él no quedaba otra salida.

—Dame tu vaso, maestro.

Rodrigo no hizo caso y se inclinó hacia el frente. Se incorporó a medias, haciendo crujir la silla, con la mirada fija en algún sitio del piso, bajo la gran mesa de piedra pulida y su diversa colección de vasos y de botellas.

—¡Quietos!

—Miren ahí.

Javier se llevó una mano a la boca para pedir silencio. Gabriela se alzó de puntas y se asomó entre Héctor y Jorge, pero retrocedió inmediatamente, con un gesto de asco. Daniel se hizo a un lado para auxiliar a doña Alicia, que no conseguía salir de la silla.

Acosada por una larga avispa, silenciosa, una araña enorme se arrastraba por la terraza. Era descolorida y brutalmente silenciosa, al parecer vacilante sobre sus patas cautas y larguísimas.

Gabriela volvió a mirar, con precaución.

La avispa volaba en círculos imprevisibles alrededor de su enemigo. Esquivaba las patas amenazadoras, se remontaba sin alejarse, ensayaba nuevos modos de ataque.

—Un drama de vida o muerte.

—Es mejor si dices de vida y muerte.

—Maestro, no dramaticéis.

—Esa cosa es una tarántula, ¿o no?

Celia abrió los ojos todo lo que le fue posible, con las grandes pestañas fuera de lugar. Para hacerlo tenía que poner rígida la barbilla y apretar los dientes. Lo verdaderamente monstruoso era pensar que esos bichos habían estado allí, entre ellos, entre sus piernas desprevenidas, tal vez atentos a sus movimientos y conversaciones. Y mientras

21

tanto ellos despreocupadamente habían estado bebiendo, charlando, cambiando de lugar, apoyándose en un sitio o en otro, sin sospechar su existencia.

—¡Hagan sus apuestas, señores!

—No tiene caso. El resultado es siempre el mismo.

La araña buscaba un lugar donde pudiera protegerse; una hendidura donde se encontrara a cubierto. Pero estaba obligada a avanzar muy despacio, sin descuidar ninguno de los movimientos de la avispa.

Imaginó la habitación. La gran cama metálica de resortes cantarines o inconformes, el piso de duelas de pino, el techo muy alto, alguna mancha de humedad en un muro, el lavabo y la jarra llena de agua en un rincón, sobre una mesita de madera, porque tenía que haber sido un hotel muy barato, junto a dos toallas que no había tocado. El muchacho sobre la cama, casi boca abajo pero todavía de lado, en una posición tan forzada que revelaba su muerte. Tendría los ojos extrañamente opacos e inexpresivos y la boca ¿entreabierta? En cierta ocasión había visto un muerto que estaba tirado en la calle, y tenía la boca así.

Gabriela clavaba las uñas en el brazo de Héctor, pero ahora podía ver lo que sucedía. Para lograrlo le había bastado con resistir un instante más de lo que aquello era naturalmente soportable; con habituarse a esas formas de pesadilla. A partir de ese momento el horror se transformaba en fascinación. Sucedía lo mismo con ciertas personas o, aún mejor, con ciertas relaciones entre personas. ¿Acaso no lo sabía bien ella misma? ¿No se había visto forzada a descubrirlo?

Por entre las largas patas de la araña, eludiéndolas de alguna manera incomprensible, la avispa llegó hasta el cuerpo hirsuto y dobló hacia adelante, por dos veces, su

22

curvo abdomen. Alzó el vuelo de inmediato, mientras las patas que quisieron alcanzarla se iban haciendo torpes.

—Se acabó.

Celia abrió más los ojos y adquirió la conciencia de que en el medio de su cuerpo había un estómago vacío. No se hallaba ante una representación o figuración de la muerte, sino ante la muerte misma.

—¿Se la come?

—Es más lista que eso. La utiliza para poner en ella sus huevos. Cuando nacen las crías tienen la mesa puesta: se alimentan con la araña.

Dos veces más atacó la avispa, con buen éxito. Su vuelo se tornaba imprudente, confiado.

Imaginó la habitación. Una atmósfera tenuemente luminosa y la espalda al descubierto, morena. Los ruidos habituales de la calle, tan rutinarios que se confundían casi con el silencio; la respiración prevenida de Gabriela.

El abdomen se curvaba con impudicia.

Observó con horror cómo las patas de la araña se enredaban unas con otras. Quedó convertida en un ovillo lastimoso sobre el cual la avispa clavaba tenazmente el invisible aguijón.

Rodrigo inclinó la colgante papada. Se preguntó si había un impulso de crueldad en lo que estaba viendo, o si era instinto puro, un llamado natural.

Al volverse en busca de una cajetilla de cigarros, Jorge advirtió que la flor de la bugambilia ya no estaba flotando. Ahora le costaba trabajo distinguirla, suspendida como se hallaba en la transparencia perfecta de la alberca, a medio camino entre el fondo y la superficie.

Daniel se puso de pie y se alejó hacia la casa.

Imaginó la habitación. El desorden de los curiosos y el

23

aterrado pero orgulloso y desafiante relato de la mujer que hacía la limpieza y que, unos minutos antes, lo había encontrado. La luz del sol cada vez más alta. Las voces crecientes que rompían en la calle y la respiración inconmovible del mar. La sirena inútil de la ambulancia, su prisa demagógica, su velocidad absurda. Alguna canción muy a lo lejos ¿sonaría? más allá de los distraídos paseantes, absortos cada quien con su destino, que se cruzaban en el malecón.

Por las tardes el mar cenizo se iba quedando quieto, como la alberca, mas cuando la última claridad se había ya casi perdido arreciaban sus embates contra los altos acantilados. Había un instante, en el último crepúsculo, en que todo parecía quedar en suspenso, excepto el redoblado retumbar del agua. Era como si la naturaleza se recogiera para transmutar su sustancia con el advenimiento de la noche. Y en seguida, como una señal, aparecían las primeras estrellas.

Javier sintió que una gota de sudor se le desprendía de la nuca y le recorría la espalda como una huella de frío. No quiso hablar porque se dio cuenta de que encontraría dificultades para pronunciar las palabras con claridad. El whisky le pesaba sobre la lengua. Lo colmaba una especie de compasión por la araña; una rebeldía cada vez más intensa contra la avispa, que golpeaba una y otra vez. Vio a doña Alicia con las impenetrables gafas, las manitas crispadas a la altura del mentón. Gabriela, Héctor, Arturo, Jorge, Celia, Eduardo, parecían contener la respiración. Rodrigo ya no estaba atento. Sintió que había algo terriblemente injusto en aquella manera de ser testigos, de mantenerse pasivos mientras la vida y la muerte se trenzaban; pero, ¿lo había?

Alargó una mano húmeda —cinco uñas color violeta— para posarla sobre su hombro y, por un momento, casi la contuvo el adivinar cómo al contacto sentiría la evidencia de la armazón ósea, la flojedad de la piel.

La avispa había suspendido el vuelo. Caminaba en círculos alrededor de la araña. Batía aún las alas, como si no supiera detenerlas.

Imaginó la habitación. Gabriela a su lado, sin escote.

La última noche en la aldea no hubo estrellas. Soplaba la galerna contra los tejados abrillantados por la lluvia. Los relámpagos se perseguían de un lado al otro del firmamento, formaban telarañas de fuego gigantescas.

Adivinó la mirada de Javier e intentó suavizar un poco su expresión. Al bajar las manos desató los puños. Algo de lo poco —así decía ella— que había aprendido en la vida era que debía ser aceptada tal cual era, tal cual venía, con sus caprichosos cambios de rumbo y de calidad. Y eso que veía ahora era también la vida —y no lo decía por la victoriosa avispa, como alguien hubiese imaginado.

Al contacto con la mano volvió la cabeza. Lo deslumbró el sol, pero alcanzó a distinguir cómo el sudor nacía en la raíz de los ensortijados cabellos. Los enormes pendientes dorados se balanceaban inertes, circulares y vacíos.

La avispa tomó a la araña por una pata y comenzó a tirar penosamente de ella. Parecía halarla con una cuerda, como con prisa, como si la esperasen otras ocupaciones y quisiera terminar pronto con ésa.

Aquellos movimientos ¿serían todavía algún indicio de vida? O tal vez un simple obedecer de la materia a sus leyes inmutables.

Eduardo recordó alguna escena filmada donde arrastraban así el cadáver de un hombre.

Le intrigó la manera en que los insectos los habían ignorado, como si no hubiesen sido capaces de advertir su presencia, su curiosidad.

Daniel apareció en el lugar donde comenzaba el rumoroso camino de tezontle. Agitó los brazos y gritó algo.

Imaginaron la habitación. El lecho vacío. Sería mejor decir, habitado por la huella del cuerpo que lo había ocupado, por su impresión sobre las sábanas que se iban enfriando poco a poco, mientras subía el sol.

Se aproximó hacia el lugar donde se encontraba Daniel. A pesar de los anteojos oscuros tuvo que improvisarse una visera con las manos.

—Niños, ¡la mesa está puesta!

Gabriela tomó a Héctor por la cintura, sin mirar hacia atrás. Jorge se puso de pie con dificultades y Celia lo siguió, a unos cuantos pasos de distancia; cuando se dio cuenta de que su marido necesitaba apoyarse en el barandal de hierro para poder avanzar sobre el movedizo tezontle sintió una ternura desbordante y apacible.

—Dame una mano, maestro —Javier se apoyó en Arturo y se sintió más confiado. Rodrigo caminaba ya por delante, arrastrando los pies. Eduardo vio en lo alto del camino cómo el escote de Gabriela se perdía en el comedor.

UNA FAMILIA ORGANIZADA

LA FAMILIA de mi mujer es sumamente organizada. Todos los sábados nos reunimos para comer. Teresa lleva la ensalada, Carmela el arroz con verduras, Guadalupe la sopa de pasta, mi suegra pone el guisado y la esposa de Fermín el postre. Esto último quiere decir que un par de cuadras antes de llegar a la casa de los suegros le pide a su marido que detenga el automóvil frente a la panadería de la colonia y allí compra una gran gelatina de frutas: una semana es en forma de herradura, la siguiente es en forma de estrella.

Es una verdadera maravilla ver cómo nunca se equivocan; cómo cada quien sabe siempre lo que debe traer o llevar. En un santiamén, en cuanto llegan los últimos, que invariablemente son Fermincito y su señora, queda la mesa puesta, con los platones humeantes, el pan todavía caliente recién llegado de La Guadalupana, y todos los servicios completos y relucientes. Mi suegra, ya sin delantal, nos llama entonces desde una de las cabeceras, con una servilleta en la mano para ahuyentar a las moscas, mientras Fermín padre, es decir, mi señor suegro, coloca sobre la mesa cervezas y refrescos. Ni siquiera en tales detalles cometen alguna vez un error. Cada uno, cuando pasamos a sentarnos a la mesa en el mismo inalterable orden de todos los sábados, encuentra frente a sus narices lo que debe encontrar. Y a mí, en lo personal, no me queda más remedio que admirarlos, pues la disciplina me produce, además de una envidia irrefrenable, el mayor de los respetos.

Me sorprende, por ejemplo, la rigurosa fidelidad con que mis cuñadas barajan cada semana los mismos rencores. Y mucho más la precisión de mi suegro para ir lanzando sobre el mantel, semana a semana, los mismos temas de conversación. Comienza con sus hazañas en la constructora: todas las veces que se puso listo y no le pudieron ver la cara y lo que les dijo a todos esos bribones, palabra por palabra: "Con su perdón", nos dice muy respetuoso antes de soltar cada una. Sigue después con algún comentario político de tendencias de extremo centro que coincide con el primer intento, infructuoso, de Fermincito para interrumpir a su padre. En seguida habla mal de un prócer, un obispo liberal y una estrella de cine. Al llegar al episodio escandaloso en la vida del actor o de la actriz en turno, mi suegra se levanta para traer tortillas calientes, Guadalupe hace alguna pregunta que descubre su gliptodóntica ingenuidad, Teresa comienza a proferir disculpas por causa de un regüeldo que nadie había advertido y Fermín Jr. se lanza por segunda ocasión al asalto. Mi querido cuñado fracasa de nuevo, pero le da pie a su señor padre para que inicie su conmovedora remembranza de los días en que los jóvenes tenían mayor respeto por las canas. En cuanto resuena la segunda exclamación de: "¡Si yo le hubiera dicho algo así a mi padre!", Fermín hijo recapacita y comienza a hablar mal del América, con lo cual, no obstante que mis cuñadas nada saben de futbol, la familia queda unida, se anima la charla y queda olvidado el grave tema de la educación juvenil. Y todo eso con la misma precisión con que las cucharas ocupan siempre el mismo lugar a la izquierda de los tenedores —o ¿será al revés?— y frente a cada uno de nosotros hay instalado un refresco o una cerveza, según lo dicten nuestras muy personales preferencias. Sencillamente así son ellos: una familia bien organizada.

Asimismo resulta siempre sorprendente, al menos para un espíritu disperso, como es el mío, observar cómo se dispone el paseo de los chicos. En cuanto terminamos el postre —esto es, la herradura o la estrella de frutal gelatina, según sea el caso— y han servido el café, Teresa se planta de pie y grita, a pleno pulmón: "Niños, ¿quieren que el tío Nicolás los lleve al Parque Hundido?" —o, en otros días, a la feria, a los carritos eléctricos, a comprar helados o a traerle un globo a la Peque, a quien por cierto no le interesan los globos todavía. Pues eso, como decía, resulta también admirable. ¿Alguna vez han intentado ustedes conciliar las nueve opiniones diferentes de nueve chiquillos que, hablando en plata, ni siquiera tienen tantas ganas de salir a pasear? Pues para la familia de mi mujer eso no representa ningún problema; ellos lo hacen de maravilla. Yo no sé bien cómo lo logran; no he conseguido descubrirlo. Lo que sí sé es que sin que yo me entere ni cómo, de pronto los nueve sobrinos están ya instalados a bordo de la camioneta, saltando con sádica alegría sobre los asientos que lavé cuidadosamente esa misma mañana, y yo me encuentro muy serio al volante, a punto de arrancar. Veo tantas caras felices, está tan contenta toda la familia, que no me atrevo a echar nada a perder: yo también comienzo a sentirme feliz. Aunque debo confesar que por lo regular me preocupa ir solo con los niños, ya que, según lo he explicado, de ninguna manera puede considerarse que yo sea un hombre organizado.

Por eso mismo lo que nos ocurrió hace dos sábados ni siquiera me sorprendió. En todo caso, lo extraño es que no me hubiese sucedido antes. Resulta que ese día fuimos a Chapultepec y la pasamos de maravilla: paseamos en el trenecito, vimos los animales, compramos algodón de azúcar y con tan buena suerte corrimos que cuando comenzó a llover ya casi estábamos de regreso en la camioneta. La abordamos entre bromas, con prisas infinitas, y en cuanto tomamos por la Avenida Revolución comenzamos a cantar de lo más contentos.

Cuando llegamos a la casa de mis suegros encontramos a la familia feliz y alborozada. Nos recibieron con un alboroto sensacional. Rodearon la camioneta y cada niño fue saliendo por la puerta de atrás, en medio de una ovación atronadora, como si se tratase de astronautas recién recuperados de las aguas del Atlántico y que estuvieran abandonando la cápsula espacial sobre la cubierta de un portaviones. Es divertido tener nueve sobrinos —y tres más en camino, sin olvidarse de que existe la Peque, pero ésos todavía no cuentan—, de manera que los adultos íbamos coreando la aparición de cada uno de los niños con esa alegría irracional que casi siempre se produce en las reuniones de las familias numerosas: "¡Uno, dos, tres, cuatro, cinco, seis, siete, ocho, nueve, diez, once!"

"¿Once?", gritó Carmela, que es contadora y que no deja ir una en eso de los números. "¡Cómo que once!", vociferó Fermín padre y alzó el bastón sobre su cabeza.

Ustedes se pueden imaginar lo que eso significó para una familia tan bien organizada como la de mi mujer. Los niños habían llegado con sed, así que en cuanto pusieron los pies sobre cubierta —bueno, es un decir— se desperdigaron por el comedor y la cocina en busca de agua o de refrescos, pues también ellos tienen sus muy personales preferencias. Una decena de personas mayores se lanzó tras y sobre ellos para proceder a identificarlos. Teresa

—¡esa capacidad de meter orden en el caos es lo que yo admiro!— propuso que todos los menores fueran acomodados en una fila junto a la vitrina.

Cuando estuvieron en orden, alineados por rigurosa jerarquía de estaturas, desde el más pequeño hasta el más alto, incluso yo pude darme cuenta de que allí había dos niños extraños: un varoncito y una mujercita de edad difícil de precisar, que en cuanto se vieron descubiertos y aislados se pusieron a llorar.

Sin perder tiempo, la familia de mi mujer se organizó para insultarme. Pero yo insisto en que la culpa fue de ellos, por no acompañarme nunca alguno que sea capaz de poner algo de orden cuando los niños bajan o suben de la camioneta.

Para ver si eso remediaba en algo la situación me atreví a sugerirles que los pusieran en el patio de atrás mientras alguien los reclamaba, para que cazaran a los ratones que tanta lata han dado en estos últimos días, pero a nadie le hizo gracia mi ocurrencia.

DESDE LO ALTO

La luz atravesará tu cabello y al hacerlo quedará dividida en franjas oscuras y claras, como ocurre cuando pasa entre las nubes o entre los árboles. Desde la azotea dominarás, auxiliado por la distancia, incluso los más altos edificios, aunque todo detalle se perderá en la atmósfera invadida por la respiración de la ciudad. Hacia el luminoso poniente, entre las columnas salomónicas de las doradas tolvaneras, las tenaces construcciones comenzarán a trepar por la montaña. Altos campanarios de siluetas envejecidas sabrán rivalizar con las agujas hirientes de los rascacielos. Por el levante, que será a cada momento más sombrío, los automóviles comenzarán a circular con los faros encendidos y darán a las avenidas el carácter cintilante que tiene el agua en los sueños.

¿Quién podrá decir que conoce la ciudad si no la ha visto desde lo alto de una roquiza fábrica de más de veinte pisos? La única perspectiva posible para abarcarla es la cenital. Solamente así podrá tu mirada recorrerla minuciosamente, examinarla con el cuidado con que se observan los rasgos, los proporciones, los pliegues de un rostro querido o por lo menos cercano. Y eso hará posible que adivines o descubras no el porvenir de la ciudad, que es incierto y vario, sino el porvenir de quien la ve. Tu porvenir, que es uno y está fijo y de maneras que nadie conoce acabará por ser el que debe y no ningún otro.

¿Qué voluntad, siempre perpendicular y exacta, superior a la de los constructores, decide dónde, cómo y cuán-

33

do deben alzarse esos transparentes prodigios de equilibrio? Tú verás en ellos el milagro continuamente renovado de mantenerse en pie. Pues tú sabrás que todo lo que vive o se levanta o se sostiene con precisión, como consecuencia de la voluntad definida de ser, encierra una quimera: todo equilibrio puede romperse en un momento dado.

Un portento semejante al que sostiene a un ave en vuelo te suspenderá, a más de veinte pisos por encima de la calle, acodado sobre el pretil de concreto. Podrás sentir bajo tus pies, merced a un tacto minucioso y refinado, la prodigiosa trama tantas veces repetida de varilla, duela, concreto, alfombra, tubería, plafones y aplanados. Sentirás sobre todo el vacío. Dador de forma, vivificador vacío; más de veinte altaneros pisos de vacío tendrás para apoyarte. Será la misma sensación de un vuelo suspendido en ese mismo momento en que ha alcanzado la mayor altura posible y, por lo tanto, en una forma u otra, estará próximo el instante en que peligre tu equilibrio.

Porque, ¿qué otra cosa harás sobre el brumoso aliento de la ciudad, a la altura del sol en retirada y de las lejanas cúpulas y de las aún más lejanas montañas, escondiéndose unas tras de las otras hasta por cinco veces, sino ir al encuentro de tu destino?

EN CASA

AL ABRIR la puerta advirtió cómo su mujer, que tejía con gancho sentada en la gran mecedora color congo, alzaba la cabeza entrecana y arqueaba las cejas hasta llenar su frente de arrugas.

—¿Ya llegaste, viejo?

Él le volvió las anchas espaldas.

—Ya estamos en casa —dijo sin prisa, separando cada palabra, al tiempo que corría la falleba y daba tres giros, sonoros y pausados, a la gran llave de hierro. Escuchó cómo su esposa se ponía de pie, recogía la labor, cruzaba la habitación hacia el fondo mientras el mueble, de madera maciza, con las aristas suavizadas por la procesión de los días y de las noches, se balanceaba vacío.

—¿Cómo te fue? —preguntó con su vocecita quejumbrosa, desde la cocina.

—Lo de siempre. El taller —contestó ocupado en quitarse el sombrero de mezclilla impermeable y la gabardina verde olivo, como si fuera del ejército, abrillantada en los puños y en el cuello. Dobló la prenda con extremado cuidado, atento a que no se arrugara. Colocó sobre ella el sombrero y la dejó encima del sillón floreado, en cuyo ancho respaldo dormitaba un gato castaño, de bigotes muy largos y muy tiesos. Dio dos pasos al frente y encendió el televisor.

Con minucioso sigilo se aproximó a la puerta de la recámara en que dormían las hijas. Dejó el cuerpo atrás y alargó el cuello, con la cabeza al frente en la actitud de

35

un faro rastreador. Al penetrar la oscuridad abrió los ojos desmesuradamente, pero transcurrieron algunos segundos antes de que pudiera distinguir las tres camas, el acompasado subir y bajar de las cobijas que abrigaban a los inquietos, móviles cuerpecitos, abandonados ahora al sueño. Vio la ropa esparcida con descuido por los pies de los lechos; los zapatos asomando las puntas bajo las sábanas colgantes. De pronto se percató de cuánto lo necesitaban aquellas criaturas; de cuánto confiaban en él sus caprichos impacientes, el curso de sus días, el futuro imprevisible.

En el centro de la habitación la mesa estaba cubierta por un mantel de grandes cuadros azules y blancos. Había en medio una fuente de cristal opaco con nopales en ensalada; relucían las frescas rodajas de cebolla, salpicadas con orégano, sobre las manchas de aceite y vinagre. Metió en ella media cabeza y aspiró con deleite.

—Bueno, muy bueno —murmuró reconfortado mientras se atusaba los bigotes.

Sobre el aparador, apoyada contra una sopera de porcelana, frágil huella de la opulencia casi mítica de la abuela, una pila de papeles de diversos colores atrajo su atención. La tomó con las dos manos, invadido por un respeto que estaba compuesto sobre todo por temores mal definidos, y se sentó a la mesa después de ajustar el volumen del televisor. Se arremangó la camisa con momentánea satisfacción: le gustaba mirar sus brazos, tostados y vigorosos; el movimiento de los músculos por debajo de la piel cuando abría y cerraba las manos. Ahora, sin embargo, la operación quedaba deslucida por el montoncito de papeles, con sus nítidos mensajes de deudas.

—Vino a verme Mercedes... —llegó la voz de su mujer, acompañada por la queja de la sartén.

Un caballo blanco. Unos collados tachonados de árboles. Un cielo límpido.

—Apenas hace tres meses que viven en ella y ya está llena de humedad. Es que ya no las hacen como antes. Y eso que Manuel es ingeniero. Claro que por lo menos ellos, pues tienen buenos pesos y la van a arreglar. En cambio lo que es nosotros no tenemos para cuándo. Hace meses que te digo que los baños no pueden quedarse así como están.

Resoplando mientras la imagen se desvanecía.

Los colocó uno sobre otro, vigilando que las orillas alinearan bien con los cuadros blancos y azules del mantel. De arriba hacia abajo los fue revisando, los fue explorando con el índice de la mano derecha, mientras iba sumando mentalmente las cantidades.

Una mujer en bikini: piernas largas, cintura breve, cabellos flotantes. Una playa ardiente, de arena blanca. Un deseo creciente, como espuma.

—Pero siempre es lo mismo: que en el taller, que si el patrón. Bien que se viste don Emilio y cada año cambia el automóvil. ¡Y en cambio ustedes! Pero eso es lo que se merecen. Nada más que por aguantarse, por no ser hombres como para encontrarse otra cosa.

Ondulaban los cabellos, luminosos como el arco iris. Las sombras de las palmeras se agitaban por alcanzarla.

—Y, lo que es yo, ¿cuándo te he pedido algo? ¿Cuándo te he molestado? Lo que sí me gustaría es que viviéramos como la gente, sin estar a cada rato sufriendo por lo que vamos a comer mañana.

Sacó del bolsillo derecho unos cuantos billetes arrugados y vio que no alcanzaban. Se levantó de la mesa mientras terminaba de doblarse la manga izquierda. A un lado

37

del televisor un enorme macetón albergaba un helecho tan frondoso que era en sí mismo una jungla completa, un laberinto de tallos y de hojas con urgencia por el sol. Cuando lo tomó por la base para levantarlo, sobre los brazos y el cuello se dibujaron los senderos que la sangre recorría para llegar a las más remotas regiones de su cuerpo, en aquel momento concentrado en el esfuerzo, tenso como el de un animal de tiro. Lo colocó junto a la mesa, sobre el piso de mosaico, y metió todo un brazo en la columna que servía de base, ornada con pedacería de loza y espejos, mientras su mujer iba y venía de la cocina. Sacó una bolsa de tela y la vació sobre la mesa. Antes de separar cuatro billetes tomó con la mano una de las rodajas de cebolla, echó hacia atrás la cabeza y la engulló cuidando que las gotas de vinagre que escurrían con prisa no cayeran sobre el mantel.

No lo apartó de su tarea el ruido de los trozos de hielo al rebotar en el vaso, ni el borbotón de ron ambarino; pasó por alto la doble estocada que le lanzó aquella mujer oscura, de labios lívidos, con una gran flor magenta prendida de la cabellera nocturna.

—¿Bisteces? —preguntó al tiempo que se inclinaba para recoger la enorme maceta.

Su mujer dejó el plato encima del mantel cuadriculado, sin contestar, y dio media vuelta. Cuando alcanzó la puerta de la cocina tornó cansadamente la cabeza, arqueó las cejas, cubrió su frente de líneas apretadas.

—¿Qué quieres? No es posible hacer milagros. Apenas si alcanza. Antes di que te puedo dar carne. ¿Tú crees que a mí no me gusta el filete? Si vieras cómo están las cosas. Habías de hacer como Ernesto.

—La tienda es un buen negocio —le contestó sin prestarle mucha atención, preocupado porque no se notara que el macetón había sido removido.

Tampoco fueron capaces de distraerlo los automóviles enardecidos, "devorando la pista", según decía la voz.

—Además, se la dejó su padre —añadió mientras se quitaba de la frente, ahora sudorosa, un gran mechón de cabellos que comenzaban a ser plateados. Volvió a sentarse con la convicción de que esas últimas palabras no habían sido escuchadas, pues su mujer había franqueado una vez más la puerta de la cocina.

Tres tiros que no retumbaron por causa del silenciador y de la sonrisa fría, de villano, que tenía el hombre del sombrero.

—No se la dejó, viejo, no seas así. Su padre se la vendió. Él tuvo que pagarle todo lo que le había metido. Otra cosa es que a ti no te guste reconocerlo, pero la verdad es que Ernesto es bien listo.

El convertible tomó la curva con silenciosa seguridad y frenó frente a la florería del chino. La mujer en pantalones intentó esconderse.

Cortó el trozo de carne en varios pedazos y en seguida comenzó a tomarlos con una tortilla dividida en cuatro. De vez en cuando utilizaba el tenedor para comer los nopales, directamente de la ensaladera, translúcida como su gula. Su mujer apareció cabizbaja, con una botella de refresco y un vaso de cristal verde en las manos. Él la vio caminar de frente, como si fuera un fantasma que viniera desde el interior de la vitrina y que tuviera la jamás vista virtud de atravesar las disparejas tacitas de porcelana, las copas relucientes y sonoras, los marchitos azahares del ramo nupcial, ennegrecidos por el invierno y el verano que nunca cesan de perseguirse, sin alterar el quieto orden del polvo

39

acumulado a pesar de todos los desvelos conspirados en su contra.

—¿Tú te crees que la casa que se hicieron cuesta cualquier cosa? Mi hermana me contó que nada más en carpintería se gastaron cerca de medio millón.

El tirante del camisón se deslizó por el hombro apiñonado. Al caer dejó al descubierto, a pesar del brazo pudoroso, el nacimiento de los senos.

La vio venir cubierta por el suéter flojo, gastado, con la falda demasiado larga; las pantuflas le quedaban grandes y para que no se le cayeran necesitaba arrastrar los pies. No alcanzó a distinguir bien su rostro en el cristal, pero sabía cuán hundidos estaban los ojos, cuán apagada era la mirada, cuán floja la piel.

Cuán hermosa y apetecible se veía en la cama, alta y mullida, rodeada por aquella multitud de cojines, con las piernas tibias y llenas.

Lo miró por la espalda, cuando alzaba con una mano el plato con el propósito de recoger con mayor comodidad, en un pedazo de tortilla, la grasa y el jugo de la carne. Se echaba hacia adelante y hundía la cabeza para no perderse una gota del delicioso humor. Y, sin embargo, de alguna manera conseguía al mismo tiempo alzar la rijosa mirada hasta enlazar las caderas firmes, sabiamente vencidas entre los encajes.

—¿Qué ves, viejo, qué ves? Eso no es para ti.

Por un tiempo pareció que no iría a contestar. Cuando su esposa inclinó la cabeza para servir el refresco, fue dejando caer las palabras, como sin quererlo.

—Eso es una mujer.

—Tal vez lo sea para quienes tienen centavos.

—Para soñar no hace falta lana.

40

—Eso, eso, soñar. Lo que siempre has hecho. En lugar de poner los pies sobre la tierra; en lugar de preocuparte por conseguir algo real, algo de a de veras.

—Y ¿cómo le iba a hacer?

—Pues tenías que haberte aventado, viejo. Eso fue antes. Ahora ya no puedes, ya son muchos años encima.

—Pero si estoy fuerte todavía.

—Eso ve a decírselo a ellos, a los que te pueden dar trabajo. Y luego, para lo que sabes hacer.

—¿Acaso es mi culpa? ¿Tengo yo la culpa de haber tenido que trabajar siempre? Desde que era un chamaco ya andaba yo dale que dale.

—¿Y Ernesto? ¿No trabajó también él desde niño? Lo que pasa es que él sí supo hacerla.

—Tú sabes cómo. Con puras trampas.

—Será el sereno, pero centavos no le faltan, y mi hermana tiene todo lo que necesita.

—Y lo que no necesita también.

—Pues para eso se trabaja, viejo.

—Y además tu hermana no anda jorobando a su marido todo el día.

—Y ¿para qué? Si no le hace falta. Ahora que, no me vas a salir con que yo te fastidio.

—Ah, ¿no? Y entonces ¿qué crees que haces? Para qué entonces me andas fregando ahora con que si tu cuñado Ernesto, con que si la casa del ingeniero, con que si las arañas. . . ¡Déjame en paz!

—Claro, para ver a esa cochina.

—¿Cochina? Ya quisieras. Eso es una mujer. Y no lo digo por lo del sexo, no. Mírala como una obra de arte.

—¿Obra de arte? Vieja asquerosa, ¿no ves que está casi desnuda?

41

—Pues así es como son las obras de arte. Es la maravilla del cuerpo humano, como los griegos. ¿No has visto los museos, cómo están llenos de desnudos?

—Ahora hasta obra de arte la muy puerca. Pero eso sí, para ganarte la vida un fracaso.

—Mira, no te puedes quejar. Y luego, si al menos me hubieras ayudado más.

—¿Más? Pues no sé qué querías que hiciera. ¿Que yo me fuera a la calle a trabajar?

—No es eso, no me entiendes.

—Ya ni la amuelas, viejo. ¿Qué más podía yo hacer?

—Cuando menos deberías no pasártela fastidiándome todo el santo día. Llevo desde la mañana trabajando, partiéndome el lomo. Ahora ya estoy en casa. Ahora no me importa el taller ni el mundo ni tu hermana ni el tarado de Ernesto.

—¿Tarado? Ya quisieras lo que él deja para ti.

—No me estés chupando el hígado. ¡Déjame en paz!

—¿Qué fácil, no? Déjame en paz y ya. Como si con eso arreglaras todo lo que anda mal. Como si con eso pudieras traer más centavos a la casa.

—No me vas a decir que te quedas sin comer.

—¿Hace cuánto que te digo que quiero poner cortinas en las regaderas? Y luego las niñas, ¿qué no ves esos zapatones que llevan a la escuela?

—Yo hago lo que puedo. Tú sabes cuánto es lo que gano. Hasta ahí podemos gastar. Más de eso no. Más no se puede. ¿De dónde lo saco?

—Eso no es cosa mía. Tú eres el hombre. Tú deberías saber cómo hacerle, de dónde sacarlo.

—Me paso todo el día doblado en el taller. ¿Para esto? No puedo estar tranquilo ni en mi propia casa.

—Y además, viejo, no comas así. Ésos no son modales. Pareces un animal.

—¡Hasta con eso te has de meter! ¿Sabes? Yo como como me da la gana porque, ¿sabes?, estamos en casa. Entiéndelo, ahora estamos en casa.

UNA FOTOGRAFÍA

Cuando dejó atrás la carretera, el automóvil comenzó a balancearse como si fuera una barca a la deriva. Hacía falta esforzarse mucho para descubrir el camino en la oscuridad, con todo ese polvo que se volvía brillante frente al trazo luminoso de los fanales y las movedizas sombras de los matojos proyectadas sorpresivamente contra los árboles del fondo.

Una luna incompleta iluminaba, suavemente, en un claro, el muro del cementerio.

—¿Crees que falte mucho? —Julio habló sin dirigirme en realidad la palabra y yo preferí continuar en silencio, como si no lo hubiese escuchado. No era posible imaginar qué distancia nos separaba de ese fantasmal camposanto que veíamos a lo lejos como una meta equívoca, un espejismo propuesto por la perspectiva nocturna. La rodera seguía una trayectoria imprevisible y por momentos me preguntaba cómo tantos rumbos divergentes y aun contradictorios podían llevarnos a nuestro destino.

Recordé la voz de Graciela en el teléfono, con ese azoro vanamente ilusionado, esa última brizna de esperanza imposible a la que uno suele aferrarse cuando recibe noticias de esa clase: "Ve tú y dime que no es cierto, que no es cierto, no es cierto. Ve y dime que es una mentira, una falsedad." Pero en aquel momento, tal vez porque yo mismo no podía resignarme a creerlo, porque yo mismo me iba quedando sin aire y sin recuerdos, no me resultó sorprendente el descarnado dolor que destilaba su exigencia.

45

Así que cuando Julio me llamó para ver si quería acompañarlo, le dije que pasara por mí. Con las ansias, con los nervios que le entran a uno en esos casos, cuando en realidad en alguna forma el tiempo ha quedado suspendido y no debería preocuparnos, no pude explicarle que ya su mujer me lo había contado. Lo dejé repetir toda la historia: cómo la patrulla se había comunicado por teléfono, cómo él había regresado sólo por casualidad a recoger los anteojos olvidados, cómo Graciela había dejado caer los platos que llevaba a la cocina, cómo nadie podía explicarse que en un tramo tan bien trazado, tan sin dificultades, alguien se estrellara con un árbol que estaba a más de diez metros del pavimento. Y ahora había que ir a recoger el cuerpo, a llenar papeles, a pagar multas y cohechos, a ver, a confirmar si en verdad había sido Sergio. De manera que volví a escucharlo todo, simulando atención mientras pensaba si convendría llevar la chamarra de piel y cuántas cajetillas de cigarros me quedaban.

Dentro del carro, a la luz verdeante del tablero, el humo tenía la misma calidad plástica de las apretadas volutas de polvo que envolvían el coche y que nos habían obligado a cerrar las ventanillas aunque hacía calor y, en realidad, la chamarra había salido sobrando. Julio también fumaba, atento a las ondulaciones de la senda, frenando y girando lenta o bruscamente con el fin de evitar los hoyancos, alzando de vez en cuando la vista hacia el panteón, como para asegurarse de que no lo habíamos perdido al tomar una de esas curvas que la vereda describía entre las milpas y que así, por la noche, resultaban siempre inesperadas.

—Pasó por la casa hoy en la mañana, ya para salir de viaje, a tomar una taza de café —murmuró Julio tal vez sin darse cuenta de que estaba hablando, con una falta de emoción que era en sí misma una nota dolorosa, una pregunta que se planteaba no con el propósito de encontrar una contestación, sino a manera de protesta, resignada y sutil.

—Como siempre que salía —prosiguió con el mismo tono despojado—, como siempre, tan atento: "¿Qué se les ofrece, qué quieren que les traiga?"

Yo era amigo de Sergio, pero mucho más de los Domínguez. Lo había visto más en casa de ellos que en la tienda o en cualquier otro lugar. Mientras rodábamos en la noche, pesaba sobre mí esa torpeza húmeda, esa falta de aire, ese tremor apremiante que nos asalta cuando se nos ha dicho así, de pronto, que alguien a quien conocemos, con quien hemos compartido una que otra tarde y una que otra broma, acaba de morir. Y en el teléfono, tal vez porque la voz de Graciela era tan exasperada, me fui quedando sin palabras que pudiera depositar en la bocina, y después le dije a Julio que estaba bien, que lo acompañaría, que solamente pasara por mí.

—Graciela lo sintió de veras, como si fuera alguien de la familia. Le impresionó más haberlo visto hoy mismo, unas horas antes de que sucediera.

—Siempre es así cuando alguien muere.

—Pero mi señora no va a entenderlo; por lo menos no ahora, no en estos días.

Julio pasó por la verja abierta y avanzó por el centro de frente, como le habían dicho, hasta que frenó junto a la losa del fondo. Cuando se disipó la polvareda vimos a la luz de la luna el camposanto, sin árboles ni monumentos, sólo con las cruces humildes.

—Está esto tan solo.

—¿Qué esperabas? —Julio no quiso contestame.

También vimos el cuerpo de Sergio, con el rostro cubierto por su saco, como si durmiera al arrullo de las tenaces cigarras. Sólo que su cuerpo no podía ser el de un hombre dormido. Bastaba echarle un vistazo para comprender que esa figura como rota por dentro era la de un muerto. Sobre la tierra suelta, cabe la cabeza oculta y desgajada, brillaban dos veladoras.

A la distancia, por la remota carretera, pasaba algún camión puesto a prueba por las pendientes de El Encinal y en la noche tibia y seca las estrellas bajaban por el polvo inclemente hasta confundirse con las luces dispersas sobre la tierra. Así, en el paréntesis de lo oscuro, todo era aún más irreal, menos aceptable, y la tienda, con su ajetreo luminoso, parecía pertenecer a un mundo ajeno. Julio se persignó, se ajustó los anteojos, se inclinó sobre la losa y alzó el saco por uno de los hombros.

—Siquiera que lo dejaron aquí —dijo para distraer su horror, el temor y la náusea que lo ganaban, mientras cabeceaba para aprovechar mejor la luz de los fanales del automóvil, que habíamos dejado encendidos. Julio se retiró con la boca entreabierta, envejecido y silencioso.

Yo no quise verlo.

La carroza llegó unos minutos más tarde, con su alta estela de polvo y luna. Sergio fue depositado en la camilla con pericia. Mientras Julio seguía de cerca cada movimiento, vigilaba ansiosamente cómo quedaba instalado el cadáver, uno de los empleados de la funeraria me alcanzó el saco, roto y ensangrentado. Yo lo tomé sin mirarlo, sentí su tacto áspero, lo doblé sobre mi brazo izquierdo.

Fue una casualidad afortunada que fuera yo quien lo recibiera y que tuviera el movimiento instintivo de doblarlo así y que Julio se encontrara de aquella manera absorto en la labor de los camilleros. Sobre todo, como digo, que acomodase así la prenda sobre mi brazo, pues de otra manera es probable que no se hubiera deslizado aquel pequeño rectángulo de papel brillante que cayó entre la hierba con un revolotear como de alas de insecto.

Aquello fue una gran suerte, digo, porque desde antes de que me inclinara a recoger la fotografía y la arrugara en el puño para guardarla en uno de mis bolsillos, pude reconocer los ojos rasgados, el cabello de oriflama, la sonrisa pícara con que a veces sabía mirar Graciela.

UN POETA

HE AQUÍ una habitación en un tercer piso. Al abrir la puerta de acceso, desde un corredor largo, húmedo, oscuro y crujiente, se ve un refrigerador destartalado, un vasar de metal pintado de blanco, una mesa cubierta con plástico, una máquina de coser de pedal, y al fondo una ventana cerrada, con la persiana recogida en lo alto. Se respira de nuevo humedad y encierro; una atmósfera de aceite en la sartén, una cebolla abierta, un manojo de perejil que comienza a secarse. Se advierte bajo la ventana un par de catres un tanto vencidos, y hay una puerta en cada uno de los muros laterales. Aquella que se encuentra a la izquierda está abierta y deja ver una cocina diminuta y desvencijada. Al lado de esa puerta, en la pared, hay varias fotografías enmarcadas, una palma bendita, un calendario que muestra, aunque descolorido, un santo glabro y suntuoso. Después de mediodía, el sol ha comenzado a desplomarse sin prisa: mete un largo brazo entre dos edificios que van quedando reducidos a siluetas pardas y araña sin intención sacrílega la calva y la palma veneradas.

He aquí un niño que sube desde la calle con la camisa de fuera. Presa repentina de invencible hurañía sube a saltos la escalera, que no conserva ninguna arista, atraviesa el corredor, mete una llave en la cerradura, abre jadeante la puerta y al mismo tiempo que ve el largo brazo de luz aspira la hierba marchita, la pungente cebolla y, más que escuchar, siente en las duelas el paso de un camión tan pesado que la ventana castañetea. Escucha en el retemblar de los cristales los gritos callejeros de sus compañeros, al mismo tiempo que percibe el olor del aceite en la sartén y ve en la pared, sobre el revoque agrietado, una flama centelleante, un mártir destazado por la luz, los ojos algo sombríos y asustados de su madre, muy seria al lado de un gran caballo de cartón donde él se ve de improvisado revolucionario —pues se sabe allí aunque el amplio sombrero de palma deja toda la cara en la sombra.

Así que se recuesta en uno de los camastros, siente en la espalda el paso de los autobuses, respira al través de las hojas transparentes los vapores mefíticos, cierra los ojos para no verse obligado a seguir, como en las noches cuando ya todos duermen y ninguna rata lo asusta, esas líneas que cruzan el cielo raso como una promesa de ruina; dentro de los tenis los pies le laten ampollados.

He aquí que la tarde es una naranja seca y ausencia; una cebolla abierta, un santo sin nombre y el perejil quizá olvidado. Gritan sus hermanos en la calle, persiguiéndose, cuando él abre los ojos y coloca una hiriente mancha dorada sobre la red que tejen las líneas del techo.

Debe buscarlo y terminar antes de que regrese su madre, gris y cansada; antes de que suban sus hermanos, gritando o llorando o peleándose rabiosamente por una varita, una corcholata, un listón, algo que se dijeron ayer; antes de que enciendan el televisor en el piso de abajo y todos guarden silencio, sentados sobre las duelas astilladas, muy quietos y callados para escuchar el programa a oscuras, mientras desde la calle, dividido por la persiana, llega un reflejo opaco, primero rojo, después neutro, una y otra vez hasta la madrugada, y se va haciendo silencio, los autobuses comienzan a espaciar sus rondas, su madre cose junto a la ventana, rayada por el reflejo que va alternando la pura claridad con el rojo opaco, el sueño dibuja amplias volutas, un removerse de sillas que llega desde la distante esfera de la luz es su padre, evanescente.

Debe buscarlo y terminar antes de que lo abandone esa otra herida que lo arranca de la calle, lo lleva por la acera sin que él vuelva la vista al llamado plural de sus compañeros, lo hace subir a zancadas la escalera, cruzar a saltos el corredor, abrir la puerta con la camisa de fuera, quedar deslumbrado por la marca de fuego en el muro, llegar al catre con el fin de concentrarse, de aquietar el jadeo y el extraviado corazón; levantarse ahora sin memoria.

Rebusca en los tres cajones de la máquina de coser, en el bote donde a veces quedan dos o tres pesos en cambio, entre las aspirinas y los goteros del fondo de la alacena, bajo los dos catres. Prueba el picaporte de la puerta que su padre cierra todas las mañanas al salir de la recámara: una oquedad ciega, un ámbito oscuro con frío aroma de tabaco. Tampoco lo encuentra en el cajón de los cubiertos ni entre sus deshojados libros de escuela ni en el costurero de su madre: toda color de miel la caja de madera, con un perfume de chocolate de otros días; en la tapa una paciente labor de pirograbado trasladó un paisaje de trajineras y de volcanes; un cielo límpido de ámbar y aves esquemáticas en el horizonte. Con mirada pesquisante remueve los catres, la mesa, la ropa de la cajonera, todas las incontables chucherías que los años y las manías de su madre han ido reuniendo sobre el mueble: congreso dispar en que la caracola llegada de Mazatlán alterna con un perrito de pasta, una carpeta tejida a gancho, un florero de cristal antiguo, una enfermera de plástico con una leyenda de propaganda, una multitud de fotografías, recortes y estampas hacinada bajo el cristal.

Arrastra pues la mayor de las sillas hasta casi apoyar el respaldo contra el refrigerador. Trepa indeciso, por no dejar. Se alza de puntillas hasta sentir, junto a la caja de galletas, el contacto álgido del vitrolero. Se alza más todavía, apoya una mano en el espaldar, alza la rodilla de lado, penosamente va arrastrando, a golpes de dedos vacilantes, el gran frasco cuadrado hasta que llega el momento en que, si se retira cuanto puede sobre la silla, alcanza a distinguirlo ahí donde un oblicuo rayo de sol lo hiere ahora y lo convierte en un golpe de luz, un puro brillo sin forma. Toma aire dos veces, vuelve a quedar de puntas, alarga ambos brazos, estira cada dedo; primero rasca, luego sostiene el frasco, lo hace llegar al borde, salva la moldura con un ruido apagado, con un reflejo que recorre como un relámpago el plafón, alza la cabeza para verlo convertido en una llama quieta, con audacia se lo deja caer encima y lo atrapa sin aliento, mientras el corazón le late agazapado detrás de las orejas.

En el fondo, entre los dulces, hay un pequeño cilindro rayado, verde y blanco, con apariencia de caramelo. Lo toma repentinamente tranquilizado, con gotitas de sudor en el nacimiento del revuelto cabello. Lo prueba sobre la mesa, primero por un extremo y después por el otro. Del bolsillo trasero de su pantalón saca una gran hoja de papel doblada en ocho y la alisa con las palmas sobre el asiento de la silla; intimida a las arrugas apresuradamente, de rodillas, mientras la tarde ronda como un avión que quiere aterrizar.

Toma el cabo de lápiz apretadamente; a punto de rozar la hoja con la nariz, comienza a escribir: "ezistio una vez un reino con sus grandes palacios sus hermosas juentes de aguas cristalinas y sus grandes jardines tapizados de hierba por todos lados del jardin crecian en delicadas corolas y durante la primavera se cargaban de ricos frutos y con su deliciosa fragancia envolvian todo el reino llenandolo de alegria y los pajaros se paravan entre las ramas de los arboles y cantaban tan dulcemente que parecia ser la banda de musica del rey en el reino vivia un rey su palacio era el mas hermoso del reino con sus hermosas juentes y sus grandes muros adornados con marmol color blanco y sus grandes torres que parecian llegar al cielo y sus grandes salones perfumados con rosas de jazmin..."

ENVUELTO PARA REGALO

Al inclinarse sobre el mostrador, con el propósito de examinar los pañuelos que la dependienta había desdoblado, la sorprendió entre ellos, pálida y etérea como suponía que debería ser toda aparición, la imagen de su rostro. Por un instante se olvidó de los pedacitos de tela primorosamente trabajados y concentró su atención en la borrosa figura que el cristal había atrapado. Siguió las delicadas y dolorosas arrugas que el maquillaje disimulaba con esmero aunque no con total fortuna; eran visibles sobre todo bajo los ojos y a los lados de la boca y, asimismo, no obstante que ahora quedaran ocultas en la sombra que proyectaba la barbilla, en el cuello. Y la seguridad de sufrirlas, aunque no las viera, las hacía más abrumadoras. Lo que en cambio podía mirar con claridad era la línea rigorosa del peinado: semejante a un casco futurista o a los élitros de un insecto, caía hacia atrás por ambos lados de la cabeza y ocultaba las orejas pero no las gruesas arracadas de oro. Fláccidas las mejillas, ruborizadas por virtud de la alianza con el colorete —en ese momento claramente ajeno, parásito o invasor, velo y antifaz. Ladeó un poco la cara con el fin de vigilar la arrogante curva de la nariz. Al tiempo que lo hacía se sintió complacida porque comprobó que sus ojos, a pesar de tanto sufrimiento, de tantos golpes de la vida, más allá de las sombras metálicas y de las pestañas amenazantes como si fueran de alambre, todavía eran hermosos y sabían proyectar un brillo intenso, una avidez particular.

Había una música transparente en el gigantesco almacén y un cálido arrullo de voces satisfechas. Las luces eran brillantes, mas no tanto que resultase imposible mirarlas fijamente. Se pisaban alfombras acogedoras y se respiraba un aroma de ropa sin estrenar, perfumes importados y confitería cara: podía distinguir el toque oleoso de las almendras, la promesa del mazapán, la caricia que le producía el rollo de nuez. Se hizo el propósito de no abandonar la tienda sin pasar antes de visita a la dulcería. Aunque, pensándolo bien, quizá no fuera tan buena idea: ¿para qué arriesgarse a dejar así una pista? Pero, en todo caso, podría ir allá y comprar solamente dos o tres piezas, las que pudiese comer en el camino, mientras llegaba a casa; de esa manera la bolsita de papel dorado y blanco iría a parar con sus intenciones delatoras a cualquier rincón ignorado, posiblemente al fondo de un sumidero, muchas cuadras antes de llegar a su hogar. ¿Su hogar? Bueno, así se decía ¿o no? Sentía ganas de bailar o de emprender un viaje. Imaginó una playa larga de arena blanca; un mar turquesa cabeceante; el contacto de la arena sobre la piel sudada, el perfume del bronceador, el ruido inimitable con que se rascan las palmeras. Aunque le causaba cierto incómodo pudor la idea de caminar, de exhibirse en traje de baño; pero era aún más incómodo imaginarse enfundada en una bata, como hacen las señoras de edad. Pues ciertamente no era ella —y le gustaba sentirse sincera al decirlo— una señora de edad. O señorita, mejor, para evitar equívocos. De cualquier modo tenía ganas de aspirar la sal que las olas desprendían y dejar que el sol la arropara en la siesta. Se sentía bien. Todos los días de quincena se sentía así, un poco mejor que de costumbre.

Unos cuantos metros al frente, en un mostrador vecino,

una pareja se divertía probándose anteojos para el sol. ¿Querrían también ellos ir a la playa? Parecían conocer la felicidad, ensimismados como estaban en su unidad, como si el mundo terminase en el perímetro de su risa. Se besaban, se tomaban por la cintura, gesticulaban, se reían sin recato cada vez que cambiaban de modelo. Terminaron por alejarse tomados de la mano, sin comprar nada. La felicidad ¿consistiría en tener un cuerpito así, firme y esbelto, tenso y flexible, ágil y nuevo, unas caderas estrechas y unos pechitos que apenas si abultaban bajo la blusa? O ¿sería la felicidad no sentir el cuerpo propio, sino ese brazo ajeno en el talle?

De pronto experimentó una desazón quemante. Cómo era posible que se hubiese distraído así con aquel par de adolescentes insensatos, capaces de besuquearse con semejante descaro frente a todo el mundo. Eso no estaba bien; definitivamente no era correcto; una muchacha decente no podía, no debía permitirlo. Al menos ella, de eso podía estar segura, jamás lo toleraría. Y ese bochorno que la invadía, ese rubor que la obligaba a abanicarse con el bolso, nada tenía que ver con las mentiras pueriles que ensayaba a contar el colorete.

Procuró concentrarse nuevamente en los pañuelos. Como siempre le sucedía, se sintió maravillada por la prodigiosa variedad de diseños, de bordados, de deshilados; por la primorosa minucia con que estaba trabajada la tela. Eran como un tenue encaje las pestañas rubias de la muchacha cuando entrecerraba los ojos para besarlo. Los había bellísimos y, la verdad, con todo y ser importados, no podía decirse que estuvieran caros. Pero él no llegaba a cerrar los ojos: los clavaba en el gesto de su compañera, endurecido y ansioso. Era precisamente por su abundancia y por

59

su variedad, por su múltiple hermosura, por lo que resultaba tan difícil elegir uno de ellos. Con las manos casi infantiles bien abiertas, apoyadas en el nacimiento de las caderas de ella. "Grandes o pequeñas —se dijo— las decisiones son siempre ¡tan difíciles!" Por un momento aquello dejaba de ser un juego, un retozar inocente, y se hacía una entrega aplazada, pero al fin entrega. Tomó uno de los pañuelos, cómo sus labios, y lo alzó, buscaban su forma, hasta que, mientras las manos, lo tuvo, descendían, frente a, un poco más, sus ojos, para sujetarla con mayor firmeza y atraerla hasta hacerla coincidir. Con un esfuerzo vigoroso advirtió en una esquina que el deshilado formaba una minuciosa guirnalda que enmarcaba dos pequeños corazones bordados. Sus uñas, sus labios unidos, de intenso escarlata, sus manos que parecían crecer para abarcarla, tenían cierta semejanza con la forma de aquellos corazones, al igual que sus caderas abandonadas al movimiento que él les imprimía, pero ella prefería ver en su figura la que tienen las lágrimas. "Diez lágrimas de sangre", se repetía a veces, sin necesidad de un motivo preciso. Una gruesa cadena de oro macizo ceñía su muñeca derecha y por un instante la confortó el peso del metal, su tacto firme, el ruido que producía el apoyarlo contra el cristal del mostrador.

La dependienta era una chiquilla muy morena, con los párpados pintados de verde y las cejas cuidadosamente depiladas. La atendía con indiferencia, sin verla siquiera. Sacaba los pañuelos y los apilaba sobre los que ya había sacado sin molestarse por escucharla. Era ella misma quien debía separarlos y extenderlos para apreciar nítidamente los detalles que los enriquecían. Ahora que, no le habría molestado tanto esa actitud si no hubiese sido por la forma en que la muchacha tarareaba la misma melodía que iba rodando por encima de las vitrinas y las alfombras. Y luego, ¡esa forma atroz de mascar chicle! Abría y cerraba la boca con fruición, con un gesto a la vez voluptuoso y mecánico, y ella tenía la impresión, tan intensamente desagradable, de que en cualquier momento lo tomaría con los dedos y comenzaría a tirar de la inmunda sustancia hasta formar un hilo grueso y luego cada vez más delgado, húmedo y brillante, como hacen los niños.

Al parecer, lo que en verdad interesaba a la dependienta era llamar la atención de un jovenzuelo que llevaba la mercancía de los clientes desde los distintos mostradores hasta las cajas. Era un mozalbete espigado y relamido, vestido con elegancia desproporcionada en relación a sus labores. Caminaba con bien estudiado apresuramiento y con un espantoso aire de suficiencia. Le molestó enterarse de que aquella mocosa se llamaba Clara, como ella. Le molestó muchísimo más todavía sorprenderse de pronto en medio de un extraño ejercicio de imaginación, por el cual los veía besarse en la playa. Esa sabiduría de los labios para reconocer su forma, de las manos para apoyarse suave pero firmemente, de los cuerpos para encontrarse... Solamente por impedir que la dependienta continuara coqueteando con aquella insufrible impudicia insistió en que le mostrara algunos modelos con color, aunque estaba segura de que no sería uno de ésos el que llevaría. Sin embargo, la muchacha pareció no conceder demasiada importancia a su capricho. Antes de darse media vuelta hacia los cajones que se encontraban a su espalda, con el fin de sacar los nuevos pañuelos, se ocupó de informar al muchacho que estaría libre a las siete.

—Entonces ¿qué, me vas a llevar?

—Mi reina, tú ordenas.

—Pero no a donde tú crees.

—¿Qué comes que adivinas?

—Ya me han dicho.

—Son puros chismes.

—Por si acaso.

—Tú te lo pierdes.

Y rieron ambos por lo bajo, en clave, cruzando quién sabe cuáles mensajes que ella no logró poner en claro.

Solamente entonces se dio cuenta de que el almacén parecía estar inundado de parejas. Si ella lanzaba una mirada en redondo podía inclusive llegar a creer que no había en ese lugar sino parejas. Se dijo que sería tal vez porque era viernes, o porque era día de pago, o porque ya era tarde; terminó por alzarse de hombros y volver la atención hacia los pañuelos. Por su mente cruzó la idea de que si alguien la acompañase en ese momento sería más sencillo decidir cuál de todos era el que más le convenía. Aunque en tal caso ¿sería igualmente importante salir del almacén con uno de esos delicados trocitos de tela?

Al través de aquella atmósfera de perfumes y de brillantes luces artificiales, con aquella música imprecisa y transparente, la gente se movía como si desplazarse no le exigiera ningún esfuerzo. Bajaba y subía sin ruido, a lomos de las escaleras mecánicas; pasaba como flotando por los amplios pasillos alfombrados que limitaban los mostradores. Era esa clase de movimiento que tienen los peces, de ojos curiosos pero ausentes y despojados, cuando recorren los muros transparentes de un acuario. ¿De qué lado del cristal se encontraba ella?

Echó un vistazo a su reloj de pulsera, con la seguridad de que sería tarde. Podría haber pasado muchas horas revolviendo aquellos pañuelos. No sentía absolutamente ningún deseo de salir a la calle ni de conducir su automóvil. No se atrevía a pensarse feliz frente a esa otra Clara, en su papel de cliente difícil de satisfacer, pero en alguna forma se sentía segura, encontraba un sentido en lo que hacía allí. Dos veces más dejó correr algunos minutos e interrogó a la carátula de su reloj. Un cordón de diamantes diminutos ponía cerco a la superficie transparente en un círculo de destellos festivos. Pensar en esas piedras le llevó a los labios una sonrisa que no era de satisfacción. "Puro como un diamante; duro, resistente, indestructible, raro, caro, remoto, inalcanzable. . ." ¿Había dicho aquello, o solamente lo había pensado? Con cierta melancolía se dijo que ya era tiempo de llegar a una decisión.

Eligió un pañuelo albo, impecable, con una pareja de cisnes bordados en una esquina. Todo en derredor de la prenda había un filo de encaje. De alguna manera los cisnes parecían también corazones o lágrimas ¿o aquellas juveniles caderas? —desechó la idea con un gesto de urgencia. Se repitió que ese pañuelo era el más delicado, que expresaba ternura, comprensión, madurez. Lo dobló en cuatro y lo puso a un lado, mientras con la otra mano separaba todos los demás. Extendió el brazo y se lo dio a la chiquilla de los párpados verdes que la miraba no muy segura de que la pesquisa hubiese terminado —¿o era la centelleante pulsera de oro lo que veía?

—Lo quiero envuelto para regalo.

Habló con voz firme, con esa entonación autoritaria y, sin embargo, amable que utilizaba siempre que se dirigía a los meseros, a las sirvientas y en general a cualquier persona que se encontrara detrás de una ventanilla o de un mostrador.

Una vez más miró en torno suyo. Por un momento tuvo el impulso de cambiar el pañuelo, pero fue sólo una ocurrencia peregrina. Distinguió el llamado de las nueces tostadas. Mientras caminaba sin prisa con dirección a la dulcería —eso era lo malo de las envolturas para regalo: ¡tardaban tanto tiempo!—, imaginó el revuelo con que esa noche la recibirían en su casa. "¿Otro regalo?", preguntaría con un timbre de esperanza su madre. Y sus hermanas: "¡Qué suerte tienes! De veras que es espléndido. ¿Cuándo nos lo presentas?"

EN LA TARDE

En una templada tarde de noviembre hay una ventana abierta. Por ella se ven pinos altos y espigados que parecen cipreses, automóviles estacionados con abandono a lo largo de las calles, edificios de colores deslavados que culminan sin pretensiones en anuncios o en tendederos procaces donde la ropa se agita muy de vez en cuando para dejar al descubierto los tinacos que el tiempo ha oscurecido.

Junto a la ventana, en el quinto piso de un edificio que no tiene ascensor, hay una cama deshecha sobre la cual yace un hombre. Está acostado boca arriba; mantiene los ojos cerrados y un brazo cruza su rostro a la altura de la frente, ocultando en parte el cabello: al igual que el bigote y la barba, sin rasurar desde hace días, es lacio y muy oscuro. Tiene puestos los zapatos y está arremangado hasta los codos; se revuelve de continuo, sudoroso; la camisa entreabierta deja ver el pecho lampiño.

A un lado de la cama hay una mesita corriente encima de la cual un radio de transistores trasmite una melodía pegajosa: un zumbido musical apenas, como si viniera de otra parte. También hay un cenicero lleno de colillas; una cajetilla vacía ha sido arrugada hasta dejarla convertida en una pelota crujiente. Hay además una lámpara sin pantalla y un libro en cuya primera hoja aparecen escritos dos nombres y una fecha. Dentro del libro, a manera de un señalador, hay una fotografía en blanco y negro, donde se ve una mujer joven y hermosa.

65

El hombre entreabre los ojos; acerca a ellos el reloj de gastada correa, estira vigorosamente cada músculo de su cuerpo y se levanta. Un cálido sopor lo envuelve; lo enceguece la luz del sol, que se refleja en una de las paredes. Con las ganas de dormir todavía enredadas en los párpados se acerca hasta la ventana.

Cuatro muchachas salen de una tienda y caminan por la acera hacia el edificio desde donde él las mira. Visten ajustados pantalones que muestran sus cuerpos jóvenes. Dos de ellas llevan blusas sin mangas, y sus largos brazos lucen desconcertantes porque ya se respira la proximidad del invierno. Conversan animadamente y ríen sin esfuerzo, pero sus voces no alcanzan la ventana, tal vez porque en el camino se extravían entre los gritos de un grupo de chamacos que juegan futbol en la calle. Cuatro ladrillos marcan las dos porterías. Los jóvenes se disputan una pelota de tenis, se empujan vigorosamente con los hombros y los codos, se dan ánimo o se insultan a gritos que rompen la tarde como relámpagos. Sus cuerpos son flexibles y muchas veces torpes; el hombre que está en la ventana añora la vivacidad de sus reflejos mientras se frota los brazos porque ha comenzado a sentir frío.

Le gustaría bajar a la calle, perseguir la bola, esquivar la embestida de los contrarios, patearla con fuerza y conseguir, bañado en sudor, que atravesara la línea convenida entre los ladrillos —dos, tres, cinco veces, mientras las muchachas lo mirarían con ganas de que las saludara. Sobre el polvo acumulado en el cristal, con un dedo trémulo traza una gran M. Desde la ventana ve cómo un jugador de sudadera azul burla la entrada de dos contrarios y después se alegra con envidia cuando el disparo pasa desviado: él no habría fallado un tiro como ése. En seguida mira con melancolía la figura plateada de un avión que atraviesa el cielo cada vez más rojizo, por encima de los negros árboles y de las montañas distantes.

Recuerda tardes idas, con idénticos aviones argentinos, idéntica tibieza en el aire, muchachas que paseaban igualmente deseables e inalcanzables, idénticos gritos e idénticos juegos y otro muchacho, porque sólo eso parece haber cambiado, tal vez también de sudadera azul, eludiendo hábilmente a los contrarios y tirando, ése sí con acierto, a gol.

Se recuerda cobijado en el sudor, persiguiendo tenazmente una pelota, pateándola con precisión, seguido por imprecaciones rivales, impulsado por las voces compañeras, feliz cuando, al alzar la cara al cielo en un salto jubiloso —la pelota ha pasado entre los ladrillos— recibe apretones de manos, nalgadas, abrazos, empujones, palmadas, la admiración de la tarde, el soplo del viento, la caricia del sol.

Se recuerda como ahora, temeroso de la muerte, y se dice que jamás, por muchas tardes que pasen, podrá hacer cruzar de nuevo la pelota por entre los ladrillos, ni podrá conversar con Mariae al áureo resplandor del sol que llena la ventana.

GUILLAUME DE HESDIN

Una polvorienta crónica cuyo nombre he olvidado registra el memorable paso de Guillaume de Hesdin por cierta oscura población del mediodía de Francia, durante alguno de los años postrimeros del siglo xII.

I

Guillaume de Hesdin, la flor de los trovadores provenzales, no temía cruzar sin acompañantes las más desiertas navas, los bosques más umbríos, las más altas e intrincadas montañas, pues las notas de su vihuela aplacaban los arrebatos de los elementos y su voz tenía la prodigiosa virtud de amansar a las fieras y a los salteadores de caminos. Cuando se enteraban de su proximidad los labriegos acudían a recibirlo, lo alojaban en la mejor casa de la aldea, dejaban a un lado las faenas, redoblaban la vigilancia sobre las hijas, las hermanas y las esposas, colmaban la talega del cantor; cuando se marchaba lo seguían durante media jornada y muchos había que lloraban como si alguien querido hubiese muerto. Meses después, años después, mientras segaban el trigo o pisaban las uvas u ordeñaban las vacas, los campesinos y sus mujeres continuaban repitiendo los versos que él les había llevado:

> *Nus ne set qu'est douce dolors,*
> *s'il n'a amé par amors.*

69

Una vez que lo escuchaban, los nobles señores de aceradas cotas, de resoplantes garañones, de inexpugnables murallas e insalvables fosados, sentían que el ánimo marcial se les reblandecía y ponían su mesa a la disposición del artista. Al amor de las fogatas nocturnas las dueñas y los caballeros y los escuderos y las fregonas y los pages y los bufones y los prelados y los cocineros y los palafreneros suspiraban súbitamente igualados por las dulces o las mordientes congojas que les despertaban las palabras del poeta:

> *Revenez, revenez,*
> *dous amis, trop demourez,*
> *trop longuement m'oubliez.*
> *Revenez, revenez,*
> *fine amour...*

Y el viento, que no conoce fronteras y que ha visto cuanto existe sobre la tierra, iba aprendiendo las canciones un poco por todas partes. Volvía a decirlas entre los castaños, al caer la tarde, mientras perseguía a las doncellas para alzarles las faldas:

> *Fins cuers ne se doit repentir*
> *de bien amer.*

Solamente algunos clérigos, enloquecidos unos por el ascetismo y por las crueles penitencias, otros por la mendaz hipocresía, por la envidia, por la impotencia, por las rivalidades literarias, odiaban a Guillaume de Hesdin. Predicaban en contra de su música, amenazaban con horribles e inacabables castigos a quienes repitieran o acaso únicamente recordaran —así fuera en la intimidad, en voz baja,

70

o incluso apenas con el taimado pensamiento— sus palabras.

Con los segundos gallos, en las noches tibias y preñadas de urgentes tentaciones, el demonio atormentaba el espíritu de tales religiosos presentándoles las más dulces blasfemias del musical pecador:

Cil qui dort es braz s'amie
a bien paradis trové.

II

Con motivo de la feria, el implacable Jehannot de Dole, o Jehannot el Calvo, según lo conoce la historia, o Jehannot Sin Piedad, como lo llamaban sus vasallos en lo secreto, arriesgando que les cortaran la lengua, descendió de su almenado castillo. Por unos días condescendió a ocupar un lugar común con los habitantes de Dole y con la abigarrada multitud que año con año congregaban las festividades: juglares, comerciantes, adivinas, predicadores, saltimbanquis, truhanes, prostitutas, gitanos que sembraban la alegría con sus bailes y con sus artes nigrománticas la desazón.

Tres veces treinta guerreros armados con picas de asalto y opacos broqueles cuidaban el estrado del Calvo, adornado con millares de rosas para que los señores y las damas que lo ocupaban, y por supuesto el invencible Jehannot y su mujer, la sin par Ilone, no fueran ofendidos por el hedor que despedían las callejuelas que desembocaban en la plaza. La sin par Ilone, la mujer más hermosa de Provenza, marchaba siempre paso y medio atrás del impío

71

Calvo, de quien era un trofeo preciado —si bien no tanto como el tordillo justador.

En el tercer día de la feria, cuando de las mesas fueron retirados los últimos restos del banquete, y los mendigos, que bajo ellas habían disputado a los perros y los monos cada mendrugo, fueron arrastrados fuera del entarimado y convenientemente apaleados, con el piadoso propósito de que no olvidasen la misericordia de su señor, una redoblada exclamación de júbilo hendió al populacho y anunció el arribo a la plaza de Guillaume de Hesdin.

El testimonio de la gente sencilla insistió en que cuanto ocurrió aquella noche fue por causa del vino que, en cantidad más que excesiva, habían ingerido no sólo Guillaume, sino todos quienes celebraban las fiestas. Desde el púlpito, tres o cuatro días más tarde, cuando fue posible restablecer en parte el orden, un célebre sermoneador que desaparecería en la cuarta cruzada culpó de lo sucedido a Satanás y a quienes como juglares y troveros trabajaban a su servicio. Muchos años después, en su lecho de muerte, un nigromante confesó haberlo visto todo con anticipación y aseveró que fueron las inamovibles estrellas las que lo dispusieron así.

III

Un silencio redondo envolvió la villa mientras el trovador templaba su inseparable guitarra. Con los primeros acordes las aves detuvieron el vuelo para impedir que sus alas, al cortar los aires, produjeran algún ruido. Cuando la luminosa voz del poeta llenó la tarde, el viento se posó sobre la ciudad, dorado como el pan.

Ocurrió entonces que, muy seria en el tablado, al lado

de Jehannot Sin Piedad, la sin par Ilone comenzó a deshojar una rosa. Sus ojos, que no conocían rivales en toda la cristiandad, buscaron los del músico para ordenarle o, mejor, pedirle que no callara. Y sucedió que al mirarlos, Guillaume comprendió que aquella noche cantaría por primera vez.

Cabe las primeras estrellas el poeta pidió a Jehannot de Dole que le permitiera cantar una trova nunca antes por nadie escuchada. Mientras hablaba con el inexorable Calvo su mirada no abandonaba la de Ilone y su corazón se consumía en una llama nueva que jamás, a pesar de todas sus correrías, de todos los lugares que había conocido, de todas las mujeres que había visto y gozado, había sentido arder.

De buena gana rió Sin Piedad. Con estrépito rieron los guardias y los nobles y los gitanos y las rameras y los mercaderes, e incluso los pordioseros creyeron que Guillaume estaba perdidamente borracho y olvidaron el dolor que laceraba sus encorvadas y aporreadas espaldas para reír con sus bocas insaciables, desdentadas por la miseria y por los certeros puntapiés.

IV

Rieron más todavía cuando Guillaume de Hesdin comenzó a cantar. Porque aquélla no era la voz que habían escuchado hasta entonces. Ni siquiera parecía ser la voz de nadie que supiera cantar. Menos aún la de Guillaume de Hesdin, la flor de los trovadores provenzales, amansadora de tormentas y de bandoleros.

Pero aconteció que aquella extraña desarmonía comenzó

a crecer. Salióse de cauce como un río, ahogó las risas de los guardias, reventó contra el florecido estrado, arremetió sobre los estafadores y las adivinas. Finalmente llegó hasta Ilone, y ella comprendió.

Al conjuro de aquella voz todos los artilugios de que los hombres se sirven para parecer o para creerse enamorados fueron perdiendo su eficacia. Detrás de ellos quedaron sólo los celos, el orgullo, el despecho; sólo la lujuria, la ambición, el temor; sólo la costumbre, los ritos, las leyes; sólo la irreprimible soledad.

Enardecidos por la lascivia, los hombres y las mujeres trenzaron sus cuerpos en las calles, en los corrales, en las iglesias. Los celos armaron manos impacientes con dagas y con teas. Cegado por el orgullo y por la seguridad de su dominio, Jehannot abandonó a Ilone para perseguir a una pastora. El despecho llenó la noche de injurias; la acidia enfrió miradas que habían querido ser ardientes; los rencores cultivados en silencio durante lustros estallaron de pronto en afrentas. Solamente unos cuantos hombres, unas cuantas mujeres, comprendieron la canción.

Nadie advirtió cuándo Guillaume de Hesdin guardó silencio. Nadie se percató de cuándo la sin par Ilone abandonó la florida tarima. Nadie sabe por dónde fueron. Nadie volvió a verlos jamás.

ENAMORADOS

I

ÉL ERA un hombre grueso, alto y moreno. Llegó caminando con prisa, de madrugada, mientras yo me esforzaba por despertar, apoyado en la ventana, con una taza de café caliente entre las manos. Ocupó uno de los extremos en una de esas frías bancas de parque que están hechas de concreto aunque simulen ser de troncos. Se sentó de lado, en forma tal que uno de sus brazos se apoyaba sobre el irregular respaldo y sus piernas no caían hacia el frente, sino hacia uno de los costados del banco. De ese modo, merced a movimientos de cabeza relativamente pequeños, su vista podía dominar una extensión mayor. Vestía ropa barata y gastada; el abrigo había perdido el dibujo en los codos; con seguridad el cuello de la camisa, escondido bajo una bufanda tejida en casa, mostraría las huellas de un uso excesivamente prolongado. Sin embargo, su presencia causaba una impresión de solidez desusada. Podía ser un tornero, un sastre, un chofer, un prensista; en cualquier caso un obrero o un artesano, uno de esos hombres que viven de sus manos y que pasan la mayor parte de su vida inclinados sobre una máquina.

Era, o así me lo parecía, demasiado temprano para andar por la calle. Resultaba intrigante observarlo desde la ventana, entre los dulces vapores del café. En la calle había automóviles estacionados, cubiertos por una delgada capa de escarcha donde el sol resbalaba todavía con torpeza. Y él en su banca, volviendo la cabeza de un lado a otro, soltando nubecillas de vapor cada vez que respiraba. Sus cabellos parecían estar peinados con abundante brillantina, pero la agitación que lo obligaba a cambiar la postura a cada instante había provocado que un mechón le cayera sobre la frente. Traía un paquete de papel periódico bajo el brazo; de vez en cuando sacaba las manos de los bolsillos del abrigo y lo tomaba como para apreciar entre los dedos la consistencia y la calidad del contenido. En ocasiones lo dejaba a un lado sobre la banca, y se cubría con la bufanda la boca y los oídos.

II

Ella era pequeñita, regordeta, de tez muy oscura. La cabellera, pintada de color caoba, le llegaba un buen palmo por debajo de la cintura. Llevaba un ajustado traje sastre de color ladrillo, y una bolsa de plástico negra, con brillos de hielo, le colgaba del hombro. La boca y las uñas eran color granate, y una pañoleta verde le protegía la cabeza del frío. Caminaba sobre zapatos de tacón muy alto, con pasos vacilantes, obligadamente lentos y precavidos, temerosa de resbalar; apoyaba ambas manos sobre el bolso enlutado, quizá para evitar que pudiera abrirse sin que ella se diera cuenta. La descubrí al tiempo que me servía la segunda taza de café, borrosa en ciertos momentos por causa de la neblina.

Atravesaba el parque desde el extremo opuesto a mi ventana, escudriñando cada sendero y esforzándose por hendir la niebla con la vista. Sin embargo, dada la trayectoria que seguía, difícilmente podría avistar al hombre. Y él

oculto tras los setos y los gladiolos, agitado, tomando repe-
tidamente el paquete, dejándolo a un lado para arreglarse
la bufanda. Tampoco él podía verla, sentado como estaba
en la banca de troncos simulados. Ciertamente resultaba
angustioso verlos extraviados así, desde el otro lado de la
ccalle y tras la ventana cerrada.

De pronto él se puso de pie. Diez metros atrás ella lo
vio. Lanzó una voz que para mí, con la nariz escondida en
la taza, fue sólo una voluta repentina. El hombre volvió la
cabeza, colocó el paquete bajo el brazo, comenzó a caminar
hacia la mujer. Ella se lanzó a la carrera sobre los altos
tacones, con los cabellos tremolando y la pañoleta despren-
diéndose hasta que cayó a tierra.

Se abrazaron, se acariciaron, se olvidaron del frío. Él
alisaba los cabellos de la mujer, le resguardaba las orejas
con las manos. Ella le recogía la bufanda, de puntillas
para llegar hasta su cuello. Se tomaron de la mano, co-
menzaron a alejarse por el parque. Unos pasos más allá
se detuvieron. Él tomó el paquete de papel periódico, lo
deshizo cuidadosamente en la neblina opaca. Ella lo tomó
por las solapas y lo obligó a inclinarse hasta que alcanzó
su boca. Se fueron abrazados, hasta perderse. Cuando salí
a la calle pasé a un lado de la pañoleta olvidada.

DON JUAN

AQUELLA ocasión sí que estuve bien enamorado. ¿Para qué voy a negarlo? La conocí en un velorio. Como era una muñequita casi rubia, trigueña muy clara, me deslumbró. El vestir de negro y el ponerse un poquito serias les cae muy bien a casi todas las mujeres. Ella no era la excepción. El cabello le llegaba hasta los hombros; era muy abundante y lo llevaba ondulado en tal forma que uno sentía de inmediato el deseo de acariciarlo. Tenía los ojos oscuros, pequeños, muy vivos, la nariz afilada y una hermosa boca pintada de rosa pálido. Sabía muy bien la ingrata lo que podía hacer con aquella boquita: la fruncía como sin darse cuenta, dejaba ver los dientes de cristal, de vez en cuando asomaba entre los labios la punta afilada de una lengüita brillante y tierna. Y además todo esto lo hacía con recato, sin perder la compostura que la fúnebre ceremonia exigía.

Apenas tuve la oportunidad me aproximé hasta donde estaba la fragante princesita. Con el pretexto del dolor común que nos había llevado allí, no me costó demasiado trabajo entablar conversación. No es que quiera echármelas de Don Juan, pero al menos sé cómo romper el hielo con las chamacas y no lo pienso dos veces para hablarles. Sostuvimos un coloquio de susurros porque había llegado un grupo nutrido y la renovación de los pésames había propiciado que se reanudaran los sollozos, el llanto, los gritos y todas las demás manifestaciones de histeria que suelen animar los velorios. En esos momentos en que la mitad de

79

los asistentes se había agolpado sobre un rincón gritando: "¡Denle aire, denle aire!" no se habría visto bien que nosotros nos distrajéramos en una charla mundana. Pero si la conversación, debido a los prejuicios sociales, debía ser con un soplo de voz y a menudo interrumpida, gracias a esos mismos prejuicios tuvimos la oportunidad de abrazarnos varias veces, y durante un largo rato pude sostener entre mis febriles manos una de las suyas, de uñas largas y afiladas como las hojas del eucalipto. Mientras con el dedo índice seguía el dibujo de las venas en el dorso de su mano, procuraba mantener mis observaciones dentro de perfiles más o menos filosóficos: "¡Quién lo iba a decir!", exclamaba, por ejemplo, y poco después añadía con gesto incrédulo: "Nadie la tiene comprada, nadie."

Cada vez que alzaba la vista volvía a quedar deslumbrado por la cabellera pajiza y por la lengua juguetona que asomaba entre los dientes y que tan seductoramente contrastaba con su gesto compungido. Sufría yo entonces el asalto de ideas descabelladas. Me atormentaba la inverosimilitud de episodios que, de una u otra manera, tras supuestos diálogos y amagos, concluían siempre con una apasionada seducción perpetrada en un privado que se hallaba en la capilla contigua, donde no estaban velando a nadie.

En tan agradables evagaciones me encontraba, cuando alguien tuvo la piadosa ocurrencia de rezar un rosario. Todo mundo se arrodilló o se puso de pie; yo me vi obligado a soltar su desmayada mano. Un par de veces, cuando debía moverme para ceder el paso a alguien, pude apoyar uno de mis muslos contra los de ella: bajo la gruesa tela de la falda los sentí firmes y elásticos, como los de una pantera en celo, según se me ocurrió pensarlo. Y es que así soy yo: me gusta imaginar y decir las cosas con estilo. Pero después ya se hizo demasiado tarde y ya iba a comenzar el futbol en la tele, así que me puse lo más contrito que pude y le dije que ya debía irme pero que quería volver a verla.

—Te invito a una fiesta este sábado —me dijo con aire de negociante y me dio su dirección.

II

La residencia se encontraba ubicada en algún lugar de la Colonia del Valle, en un callejón arbolado, cerca de la Avenida de los Insurgentes. Tenía al frente un pequeño jardín y al fondo un patio adornado con una gran higuera, al que se llegaba cruzando la cocina. Había gente por todas partes; en el garaje las parejas bailaban y cada vez que alguien tropezaba con el tocadiscos la aguja saltaba violentamente y levantaba un enorme coro de protestas.

Yo había pasado toda la semana entregado al divino pasatiempo de soñar despierto. No es nada fácil, cuando se tiene una amiguita nueva, de labios pícaros y cabellos de trigo maduro, pensar en otra cosa. En los camiones atestados, de codos frente a los libros, por las mañanas en el taller... bueno, hasta viendo la tele no podía dejar de imaginarme cosas. Sentía ganas de abrazarla, no ya con la forzada prudencia del velorio, sino con lo que me gustaba llamar, por lo bajo, un desbordamiento pasional. Y es que, después de todo, ya había pasado casi una semana completa desde que la conocí. Me sentía verdaderamente enamorado, con un hueco del tamaño del mundo en el estómago.

81

Cuando atravesé la cocina para llegar al patio me dieron una Cuba. Yo aproveché el viaje para tomar dos tostadas con frijoles y un pedacito de queso, de unas charolas que estaban allí muy a la orden. Era un mundo de gente lo que había en la cocina y más o menos todos se servían por su cuenta. Yo tenía razones para sentirme extraño. No conocía a nadie y nadie me conocía. Sin embargo, nadie se metía conmigo ni me preguntaba nada, de manera que procuraba comportarme con naturalidad y aplomo, como lo habría hecho cualquier otro hombre de mundo.

Pasó un buen rato antes de que pudiera encontrarla. La vi bajo la higuera, con unas amigas que me miraron con ese gesto que ponen las muchachas cuando están así, en montón, como que van a reírse de uno. Yo la saludé con la seguridad que siempre acostumbro, aunque es posible que, por cortesía, mi voz resultase un tanto apagada.

—¡Qué bueno que viniste, tú! —me dijo mientras fingía que fingía cierta indiferencia y se mordía la punta de la lengua, dejándomela ver.

Ahora sus labios eran de un carmín tan intenso, terso y brillante que parecían ser de carne viva. Vestía una blusa tejida, ajustada y sin mangas, y una falda floreada, en tonos amarillos y naranja, que al caminar le dibujaba las piernas como sin intención. Su cabellera tremolaba y al contemplarla yo me sentía fascinado. ¡Con lo que me hubiera gustado hundir la cara entre sus rizos de dorado atardecer! Tuve el natural impulso de abrazarla, pero ella se escurrió como sin darse cuenta de mis intenciones y comprendí, con un estremecimiento, que tal vez sus padres o algún hermano —¿los tendría?— estaban por ahí cerca y ella se sentía avergonzada. También supuse que podría tener miedo de provocar la envidia de sus amigas.

—No pierdas el tiempo; hay mucha juventud —me dijo como sin darme importancia, pero yo supe advertir la secreta ternura de su llamado.

—¿No bailas, chavo? —me preguntó sin inhibiciones una güerita regordeta de ojos grandes y claros. La envolvía un conmovedor aire maternal y me veía con los ojos abrillantados, según creo yo por causa de un exacerbamiento personal del instinto de conservación de la especie. Ante su mirada me sentí un objeto, un instrumento, una pieza de caza, un recurso no renovable amenazado de extinción. Le expliqué, con el mayor tacto que me fue posible, que me acosaban necesidades impostergables, las cuales me impedían tener el honor de acompañarla y me apresuré a abandonar el patio.

A mi paso por la cocina cambié el vaso de la Cuba, vacío, por otras dos tostadas, ahora rematadas por una rajita de chipotle. Después entré al comedor para ver si ella se encontraba en aquel lugar. Grave frustración: allí habían concentrado sus baterías los adultos. Estaban todos muy alegres, sentaditos alrededor, en sillitas metálicas alineadas a lo largo de las paredes. Pisoteaban con entusiasmo colillas, servilletas y una que otra tostada; bebían concienzudamente o hablaban de temas tan importantes como la escasez de sirvientas, el estado del campeonato de futbol, las ventajas y desventajas de pertenecer a un sindicato, la importancia de sus amigos influyentes, las juergas de su mítica juventud y las dificultades escolares de sus hijos. Más de uno me advirtió con la mirada que ésos no eran mis terrenos; yo capté fácilmente el mensaje y me retiré de inmediato, con una sonrisa de complaciente benevolencia.

La descubrí en medio de un grupo que se había acomodado en la sala, arrinconado al pie de la escalera rodeando a un pobre buey que tocaba la guitarra. Se le veía a leguas que era un fatuo presuntuoso que trataba de llamar la atención a toda costa. Antes de que comenzara a cantar dejaba el cigarro en los labios de alguna de las muchachas que estaban más próximas a él. Al segundo compás todos los demás arrancaban y entonces sí ya no se sabía ni de qué se trataba y, la verdad, ni siquiera se alcanzaba a oír la guitarra. Pero, eso sí, ¡había que ver la forma en que entornaba los ojos y movía la cabeza! Yo me sentía muy incómodo. No solamente por el ridículo que estaba haciendo aquel amigo, sino porque precisamente en ese punto se concentraban todos los ruidos de la fiesta: el fonógrafo del garaje, las risotadas del comedor, las conversaciones de la sala, los berridos insufribles de los cantantes y ese gran murmullo que sirve de telón de fondo a toda reunión monumental y que está formado de tintinear de vasos, roces de telas, diálogos perdidos y uno que otro suspiro. Había tantas personas, cada quien en lo suyo, que comencé a sentirme solitario y exiliado, con la mirada clavada en su boquita carmesí que se abría y se cerraba según iba marcando el compás de una canción que no llegaba a mis oídos.

Lo que a cambio de eso escuché, a mis espaldas, fue la voz de la gordita. Ahí estaba, como por casualidad, terca con su insistencia en llevarme a bailar. En el momento en que nos apartó un mesero que traía en lo alto una bandeja con vasos sucios aproveché la feliz coyuntura y abandoné el campo. Comprendí que mi enamorada se encontraba allí en jugada de sacrificio, con el obvio propósito de hacerse presente, de que todos la vieran, se pudieran dar cuenta de lo contenta y despreocupada que estaba. Solamente así podríamos después hacernos perdedizos. De modo que, para matar el rato, me retiré a la cocina. Las tostadas ya se habían acabado. Tomé un puñado de pepitas y salí al patio.

Casi nadie se encontraba ahí entonces, porque hacía bastante frío. Entre los tinacos y los muros rotos y las ramas cargadas de higos se veía un pedacito de cielo oscuro, sin estrellas. Me gustaba sentir las ansias y la tristeza de mi amor. Me gustaba sentirme separado de ella y pensar que en ese momento ella estaba sintiendo lo mismo, mientras se veía socialmente obligada a simular alegría y a cantar a voz en cuello. Podría haber pasado en aquel lugar muchas horas, sin sentir su paso irreprimible, mientras veía aproximarse la helada sobre la ciudad indiferente. Pero me di cuenta de que la gordita se asomaba al patio. Me agazapé bajo la higuera, en lo más oscuro, hasta que ella se fue. Le di tiempo para que hubiese salido de la cocina y en seguida llegué hasta la puerta con tres zancadas. Los higos, según tuve tiempo de comprobar, todavía no estaban maduros.

Entrar en la cocina y quedar deslumbrado fue todo una misma cosa. Ahí estaba ella, de pie, con una de sus alabastrinas manos apoyada graciosamente en el fregadero y la otra a la altura de su resplandeciente rostro, sosteniendo un vaso de horchata. Algo tuvo que ser elocuente en mi mirada, pues ella alargó hacia mí su divina mano.

—Tómalo, está limpio; lo acabo de servir.

Yo lo sostuve trémulo. Mis dedos miserables rozaron la suavidad exquisita de los suyos y tuve que apoyarme en una silla para no caer fulminado por la felicidad.

—Estás cansado, cuate. Qué bien se ve que no le has parado a la bailada.

Sus labios de sangre y fuego pronunciaron las palabras anteriores con bien disimulada indiferencia e incluso cierto aparente dejo de burla. Me admiró la discreción con que me advertía que la cocina no era terreno propicio para dar rienda suelta a nuestro amor hasta entonces tan dolorosamente contenido. Dirigí una mirada torva a la servidumbre, que aparentaba hallarse ajena a todo aunque sin duda nos vigilaba; llevé el vaso a mis labios con devoción —cuando abrí de nuevo los ojos y volví en mí ella había desaparecido.

III

Quién sabe cuántas veces se repitieron escenas semejantes. Nuestros encuentros se producían siempre en circunstancias adversas y debían terminar intempestivamente, ya porque ella imaginase algún sutil subterfugio que nos permitiera separarnos sin despertar ninguna sospecha, ya porque la aparición de la tenaz gordita me obligara a poner los pies en polvorosa, no sin antes lanzar sobre el tierno y supuestamente distraído objeto de mis desvelos una larga mirada que era a un tiempo súplica, promesa y confesión.

Fue entonces cuando concebí una idea que, con modestia y todo, debo reconocer que era verdaderamente genial. Apenas descubrí dónde estaba ella, crucé ágilmente entre los invitados, con cuidado para no dejar caer dos volovanes de atún que llevaba en una mano, y le dije, muy serio, con un tono reservado de misterio y confidencia:

—Necesito hacer una llamada, urgente.

—El teléfono está arriba, en el cuarto de la tele.

—¿El cuarto de... la tele?

—Sí, es muy fácil. Ahí no más por el pasillo y después a la izquierda.

—No me parece tan fácil. Yo nunca había venido a tu casa. No la conozco y además yo me pierdo en cualquier lado. ¿Por qué no me enseñas dónde?

—Pero si no hay pierde.

—Mejor subes y me cuidas. ¿Qué tal si por ahí encuentro un *souvenir* que me guste y me lo llevo?

Cualquiera que la hubiese visto habría jurado que estaba furiosa y fastidiada. Pero yo sabía que ella había ligado mi mensaje y que si algo podía alterarla era solamente, en todo caso, la emoción de saberse como quien dice a las puertas del anhelado momento en que estaríamos a solas.

Subió las escaleras con el apresuramiento que resultaba natural en tales circunstancias. La falda le revoloteaba en la cintura y dejaba al descubierto un buen tramo de las medias color coral. Cuando se plantó a un lado del teléfono jadeaba. Alguien menos avisado que yo tal vez podría haberlo atribuido al violento ejercicio del ascenso, pero yo comprendía bien que su respiración forzada era por causa del ansia erótica que la poseía. Sus penetrantes ojos se habían agrandado y entre los labios encendidos la punta de la lengua me parecía un secreto deleitoso a punto de ser revelado. Habíamos quedado tan sabrosamente próximos que podía sentir su perfume: una penetrante nota de malvones.

El teléfono se encontraba colocado sobre una mesita que nos separaba. Pero yo no tenía ningún interés en hablar, como quizá ya se habrán imaginado. Lo que yo realmente quería era besarla y decirle cuánto pensaba en ella y hundir en su cabellera la cara hasta llegar a su recóndita

87

nuca, así que alargué los brazos para tomarla. Ella dio medio paso atrás. Estuvo a punto de desconcertarme.

—¿Qué te pasa? Ven.

—No, cuate. Tú estás bien allá y yo estoy bien acá. ¿No ibas a hablar?

—Bueno, sí, pero, mira, ven acá, de este lado.

Ella se negó con la cabeza. La mirada podría haber parecido un tanto endurecida, mas no cabía duda de que la boca permanecía cordial.

—¿Vamos a quedarnos viendo así?

—Yo creí que de veras querías hablar. No podemos quedarnos acá arriba, con tanta gente en la fiesta.

—Por eso mismo... Allá abajo no podemos hablar a gusto. Ven conmigo.

Volvió a decirme que no, agitando la cabeza, y de pronto dio media vuelta y se alejó corriendo por la escalera. Mientras bajaba me gritó:

—Ahora ya sabes dónde está el teléfono.

Quedé unos instantes en suspenso, frente a la duda. Mas antes de que el abatimiento me sojuzgara tuve una revelación. Se hizo la luz en mi conciencia y comprendí: ella había tenido miedo; la había asustado la enormidad de su pasión.

Me lancé alocadamente en su persecución, mientras me vituperaba una y mil veces por haberla casi orillado a desfallecer. Después de todo, era natural que no pudiese resistirme. Una enorme ternura me invadió. Decidí que, por mucho que me costara, tenía que ayudarla a defenderse de sí misma, de su impulso instintivo, de su voracidad lujuriosa. Le di alcance al pie de la escalera, en el momento en que intentaba perderse entre el grupo de cantores. Intuía que unos minutos antes ella había estado decidida

88

a todo, que había deseado apurar el éxtasis amoroso, y que había sido tan grande su voluntad de entrega que la había espantado. ¿Cómo explicarle, sin ofenderla, que yo comprendía todo aquello? Y de pronto me encontré en su augusta presencia, diciendo cualquier tontería, cualquier cosa, sólo para darle una escapatoria:

—Estoy nervioso.

Ella simuló no comprenderme. Se me aproximó con un gesto que cualquier otro habría quizá calificado de amenazador. Sus hermosos ojos resplandecían y el cabello le flameaba como una aureola ondulante.

—De veras estoy muy nervioso, ¿sabes? Necesito fumar.

Ella me miró como si no comprendiera bien lo que le estaba diciendo. Yo entendí bien su frustración, su abrumador despecho, la vaciedad emocional que sin lugar a dudas la dominaba. Comprendí bien la naturaleza avasalladora de la locura que poco antes la había arrebatado. Después de todo, debo reconocer que no es tan raro que las chicas pierdan la cabeza cuando me conocen. Pero también supe reconocer la magnitud de su repentino temor y me sobrecogió imaginar el combate que en esos momentos se libraba en su alma.

—En serio, necesito fumar. Mira, voy por unos cigarros y regreso en seguida. No tardo, ¡de veras!

Su cabellera fue como un abanico flamígero, una gran ola tibia que reventó lanzándome al rostro el aroma de los malvones. Dio media vuelta de nuevo y fue a sentarse junto al tipo de la guitarra, aunque sin dejar de mirarme. Aquella delicada confesión de un amor imposible me turbó. Comprendí que el fuego la abrasaba y lo difícil que sería en ese momento darle la oportunidad para llegar a una explicación. Sentí lástima, pero al mismo tiempo admiración por su dolor; mas me porté a la altura de las circunstancias y le evité uno que habría sido mayor: el dragón del arrepentimiento.

Di un par de vueltas entre la concurrencia con el propósito de evitar toda suspicacia. Debí esquivar todavía a la gordita insistente y tragarme sin reproches la sangre de la herida, pero me consolé pensando que la vida es así. ¿A quién podría culpar? Fue sólo el destino, travieso y burlón, que jugó con nuestros tiernos corazones. Y creo que fue una fortuna que ella se tropezara con alguien tan comprensivo como yo.

Al salir la vi de la mano con un idiota de traje. Era ya tarde y yo, en realidad, no tenía tantas ganas de fumar. Me fui a la esquina a esperar el camión.

LA COARTADA

Después de lo que le aconteció, Olagaray bien pudo ser algo más prudente. En fin, si no pudo serlo, como es un hecho, al menos debió ser más cauteloso y no andar por cualquier parte contando a quien fuera lo que todo mundo llamaba "sus fantasías". Ni siquiera Fandelli, que tiene ganada a pulso la reputación de idiota, se tomó jamás en serio lo que Olagaray decía. Y la señorita Pérez, acongojada por la desgracia de su hermano, en vano aulló para convencernos —¡a nosotros, cuando toda la ciudad no hablaba de otra cosa!— de su inocencia. No es que ella creyese lo que decía Olagaray; pero de cualquier modo le habría gustado que alguien pusiera a su alcance una tablita de esperanza, un "pues puede que"; pero ni siquiera los espíritus más caritativos se atrevieron a hacerlo. ¿Cómo podría yo haber intervenido sin atraer sospechas sobre mi propia cordura?

Porque recordarán que el escándalo fue mayúsculo y que los diarios supieron encontrar en sus detalles materia para dar la de ocho durante tres o cuatro días. Ni siquiera el triple asesinato de las octogenarias gemelas Robles —con todo y la enfermera que las cuidaba, se entiende— logró distraer la atención de la comunidad y mucho menos la de los noticiarios televisados; si bien en estos últimos acabó por cundir la desesperación, pues el único testigo presencial, o sea el propio Olagaray, se empeñó siempre en repetir la misma al parecer estúpida, aunque sin duda misteriosa, historia.

Olagaray pudo haber dicho, sin más, que estaba interesado en cobrar el seguro de la maderería y que por eso le había prendido fuego. Así podría haberse ahorrado el sin duda ímprobo trabajo de reunir la mirra, el ámbar, la madera de sándalo y todos los demás materiales exóticos de los que se encontraron vestigios. Con una declaración semejante nadie habría puesto en duda su inteligencia. Sus camaradas del gremio le habrían tendido cierta ilusión de simpatía, y alguno hubiese habido que abrigara incluso un rescoldo de respeto, pues algo hay de admirable en quien se juega así, como los buenos, la última carta. En cambio de eso, mi buen amigo Olagaray tuvo la debilidad de incriminar a Mariahelena.

II

Mariahelena no parece encontrarse contrita ni alegre ni desesperada. Me mira de lado y parece no comprender por qué soy yo en lugar de Olagaray quien está con ella. Sus ojos oscuros, tal vez color sepia, quizá un bermellón espeso y concentrado, tan intenso que se acerca al negro, me siguen un poco asombrados, un poco incrédulos, acaso también un poco distanciados y prudentes, como si ella tuviera conciencia del insalvable abismo que nos separa. Es probable que sea por eso mismo por lo que Mariahelena rehúsa cantar. Aunque también podría suceder que lo del canto prodigioso fuera, eso sí, un embuste del desacreditado maderero.

Al fin y al cabo yo conocí a Mariahelena solamente después de que Olagaray fue encarcelado, y si acepté que viniera a vivir en mi casa fue porque soy un sentimental y me dolió la forma en que todos los demás, comenzando por la señorita Pérez, que en todo caso debería haber sido quien se ocupara de ella, le volvieron la espalda. En realidad eso no fue una sorpresa para nadie. Así había sido ya antes, cuando Olagaray se presentó un día en su casa acompañado por Mariahelena; y fue precisamente por la negativa de su hermana a recibir a la recién llegada por lo que él se vio obligado a instalarla en la maderería. Por supuesto ése no era un lugar adecuado para una criatura como Mariahelena, con sus profundos y cambiantes ojos de granate, de sangre, de fuego, pero Olagaray adaptó las oficinas de manera que pudieran darle albergue. Como es natural, mi amigo comenzó a pasar más tiempo en el negocio que en su casa, y la señorita Pérez, escandalizada, empezó a darnos la lata a todos los conocidos de su hermano con sus quejas redobladas: "Hace ya dos días que no viene por acá a dormir. ¡Tiene sorbido el seso! ¿Usted se imagina, un hombre maduro, cómo puede ser?" Pero fuera de fatigar el teléfono, nada hacía ella por aliviar la situación: bastaba mencionarle a Mariahelena para que se indignara y trabara las mandíbulas.

Así pues, cuando pusieron a la sombra a Olagaray no tuve más remedio que llevarme a Mariahelena al departamento. Lo que tiene su atractivo, sin duda; sobre todo porque nada en la actitud o en el comportamiento de Mariahelena puede hacerme suponer que extrañe a Olagaray. En ocasiones, por desperezarse, se alza de puntas, estirando todo el flexible cuerpo, con las piernas tensas y ligeramente separadas, el cuello echado hacia atrás, entrecerrados los misteriosos, dorados ojos... Entonces no me cuesta mucho trabajo comprender el enloquecimiento repentino que sufrió mi amigo.

III

Según juraba Olagaray, quien en realidad reunió los maderos aromáticos y las resinas perfumadas fue Mariahelena. Fue también ella —es lo que dice mi amigo y por momentos me siento casi convencido— quien armó la pira y le prendió fuego. Por supuesto nadie, aparte de mis vacilaciones interiores, ni siquiera Fandelli, ha creído una afirmación tan inverosímil. ¿Cómo podría una criatura como Mariahelena recoger leños e inflamarlos? Y, en última instancia, ¿por qué, de haber sido así, con inminente riesgo de su vida y de su belleza, iba a permanecer en el lugar mismo de su delito, como quien dice entre las llamas, hasta que la rescataron?

La señorita Pérez una vez dijo que Mariahelena lo había hecho para obligar a su hermano a que la instalara en su casa. Pero ahora que la veo recostada en mi lecho, fingiendo dulcemente que duerme para incitarme a acariciarla, no puedo resignarme a aceptar una explicación tan pueril y al mismo tiempo tan malintencionada.

Queda, sin embargo, el testimonio del diario que Olagaray llevaba en su negocio. Los pocos fragmentos que fue posible rescatar corresponden por buena fortuna a los últimos meses, lo que ha propiciado que la señorita Pérez, con su muy peculiar talante viperino, sugiera que su hermano inició el diario a raíz de que comenzó sus relaciones con Mariahelena, movido por el propósito morboso de consignar con precisión cada uno de los incidentes ocurridos en la maderería. En realidad es muy poco lo que puede leerse. Unas cuantas líneas o, mejor dicho, unas cuantas palabras que, como se dice, las llamas respetaron. La apretada caligrafía de Olagaray se hace allí más acelerada y uno admira —o lamenta con escándalo— su vocación de *voyeur*: "la cabeza, acomodó los leños con... de manera que forman una especie de tarima, sobre... sin prisa los perfumes, aunque sin descuidar... las estrellas... las piernas de tal modo que... suavemente sobre los maderos, concentrada como en espera, sin sospechar... testigo de su ceremonia y sin... nerviosa conforme mientras crece la claridad, y ahora sé que lo que está esperando es el primer rayo del sol y cómo... el fuego, el fuego sobre..."

IV

Por lo menos la versión del célebre diario concuerda con lo que Olagaray dijo en todas partes, en público y en privado, en las audiencias, con los amigos, con el agente del ministerio público, con los psiquiatras y con los periodistas. Con lo sencillo que habría sido confesar lo del seguro. Mas para todos, como para Fandelli, resultó imposible aceptar que Mariahelena, que ahora sucumbe como siempre que le rasco la nuca, pudiera haber sufrido las llamas —y debo reconocer que yo mismo me resisto a creerlo. Por una siemple cuestión de principios uno debería rechazarlo. Al menos confiar en la inocencia de Mariahelena y de sus ojos luminosos es tan obvio que inclusive la policía lo consideró así y jamás hizo el menor intento de detenerla. Cuando fui por ella, apenas supe dónde estaba, me la entregaron sin más, y sin más se refugió entre mis brazos, con ese mismo estremecimiento de temor, placer y atrevimiento con que a veces recibe el sol tendida en la cama.

V

Así pues, como he dicho, Fandelli, la señorita Pérez, la gente del juzgado, los médicos, los reporteros e incluso la policía se sintieron desconcertados cuando Olagaray, con esa iluminada terquedad de los dementes, insistió siempre en culpar a Mariahelena.

Yo preferí guardar silencio, aun si eso pudiera interpretarse como una especie de traición a mi amigo. No callé con el propósito de beneficiarme con la estancia de Mariahelena en mi casa, como alguien se atrevió a insinuar, sino por causa del tiempo. Ya que, de no ser por ese factor, todo se tornaría muy sencillo: Olagaray podría probar la validez de su coartada y yo diría con orgullo que a veces casi le he creído.

Pues, por otra parte, lo que hace más angustioso el encierro de mi amigo es su patente convicción de que Mariahelena volverá a hacerlo, de que está fatalmente condenada a repetirlo. Así que, insisto, de no ser por el tiempo, Olagaray no tendría de qué preocuparse. Para decirlo de otra manera: lo verdaderamente desesperante es que mi amigo tiene una coartada perfecta que nadie de cuantos ahora lo temen, odian o compadecen podrá confirmar: tan fue Mariahelena —dice él, un poquito exasperado— quien prendió fuego a la maderería, que tendrá que volver a hacerlo.

Y yo, según ya lo he manifestado, a veces siento que Olagaray tiene razón: él no pudo ser el incendiario, porque él se hallaba ocupado, estaba escribiendo su diario a la luz de un farol vecino, en el patio, mientras miraba a Mariahelena por una rendija de la puerta, mientras seguía embebido su rito y no despegaba la vista de la hendedura sino para garrapatear en palabras emocionadas lo que iba mirando.

Si alguien duda de su historia —lo cual hacen todos, hasta donde yo lo sé—, ¿qué mejor forma de probarla que esperar a que Mariahelena cumpla su destino y vuelva a encender la pira, cambiante como sus ojos de sangre, de granate, de oro, de fuego, de sol?

Pero es al llegar a ese punto cuando el detalle del tiempo lo echa todo a perder. Por eso me tomo el trabajo de recoger esta historia, de conservar su memoria. Lo hago por mi amigo y por la fe que a veces me han despertado sus palabras, por si acaso fuera verdad lo que él dice de Mariahelena y de su hoguera futura —¿o sus hogueras? Pues de otra manera ¿quién podría guardar el recuerdo de aquel incendio que destruyó la oscura Maderería Olagaray de la ciudad de México, a lo largo de un milenio? Tal es, según la opinión más general entre los entendidos, la duración que tiene el ciclo vital de un ave fénix.

POR TELÉFONO

I

Marcelo toma una hoja de papel en blanco. Hace a un lado el cenicero y la coloca frente a él. Deja descansar sobre ella la mano izquierda; siente al través la superficie del cristal que cubre la mesa del comedor, quieta y fría. Rebusca tras el radio de transistores y en sus bolsillos. Se pone de pie; ve por la ventana la engañosa quietud de la noche: las luces convergentes de los automóviles delatan la lluvia mansa. Cruza el largo corredor a oscuras, pasa sin volver la vista junto al cuarto donde la familia se agazapa ante el televisor, al entrar en su recámara patea sin querer un helicóptero de madera, que rueda bajo el armario. Abre un cajón, rebusca entre papeles, saca un plumón azul. De regreso el gran espejo de la consola le dice desde su marco de madera tallada que no se ha rasurado esa mañana. Al salir de la avenida una camioneta dobla la esquina demasiado forzada y mientras él se sienta de nuevo escucha la queja de las llantas. Empuña el plumón, respira muy profundo, un doloroso vacío lo obliga a encorvarse. Con mucho cuidado, vigilando que las palabras mantengan un rigoroso plano horizontal, que las letras sean claras y todas de un mismo tamaño, escribe: "Tengo nostalgia de tu cuerpo."

Queda pasmado, con el plumón en alto. Repite por lo bajo, al tiempo que cierra los ojos, "tengo nostalgia de tu cuerpo", pero no sabe qué debe, qué quiere poner en seguida. Deja el plumón a un lado, con la punta sobre el cenicero como si fuese un cigarrillo encendido. Desde la habitación del televisor viene un murmullo que se mezcla con el ruido que levantan los automóviles al marchar sobre el pavimento mojado.

Apoya los codos sobre el cristal, a los lados de la hoja de papel, y deja caer la cabeza sobre las manos, de manera que la parte inferior de las palmas descanse contra los ojos cerrados. Su congoja se atenúa de ese modo, pues al disminuir los estímulos que llegan del exterior le resulta más sencillo evocarla y, además, es posible entonces, en algunos momentos de intensa concentración, sentirla presente y quedar arrobado en espera de que lo toque, de que le hable. Porque podrían pasar toda la vida conversando, cambiando de lugar las mismas palabras: ¡hay tantas cosas para decir, tantas cosas para escuchar! Todas aquellas minucias capitales del trabajo, la familia, los años que vivieron sin conocerse y que son como una milagrosa redoma de donde surgen insospechables los lugares, los episodios, los personajes, las palabras.

Cuando abre los ojos lo deslumbra la blancura del papel, interrumpida sólo por el breve trazo azul. Lo lee una vez más y la recuerda en su automóvil, con ese gesto difícilmente perceptible de repentina seriedad que acentúa la profundidad de sus ojos antes de que los entrecierre para besarlo. La remembranza lo obliga a doblarse de nuevo y a respirar con intensidad para vencer la sensación de asfixia. Once campanadas llegan formadas en fila india por el pasillo.

Lo asalta la imagen de su voz cuando se quiebra en una risa que es como el primer rayo del sol cada mañana. Mientras se aproxima a la ventana cierra los puños como si entre sus manos tuviera las de ella. Toma la hoja, la dobla en cuatro, la guarda en uno de los bolsillos interiores de la chamarra que se abotona hasta el cuello. Casi ni se despide, de prisa, sin dar tiempo a que alguien le pregunte a dónde va tan tarde, con esa lluvia.

La calle está sembrada de reflejos. Él va buscando la vecindad de los muros, la complicidad de las salientes, de las cornisas, de los toldos, del follaje protector. La trasueña tomada de su brazo. La trasueña en un bosque de pinos, oscuro como una capilla románica. "Tengo nostalgia de tu cuerpo", se dice varias veces pero no encuentra más palabras. Al cruzar la avenida, con suma cautela para evitar los charcos, con prisa para mojarse menos, sus dedos, que van dormidos en el fondo de los bolsillos, sienten la huella que les dejan sus cabellos, huidizos como gorriones.

Se guarece bajo el retumbante techo de la caseta. Una pareja abrazada bajo una gabardina única pasa por la acera de enfrente. Aspira varias veces con fuerza; el aire nocturno lo quema por dentro y no lo alivia. Busca una moneda mientras lee un gran número pintado con negro en la cabina: 1197. Los árboles tiemblan como él mientras alza el brazo y con tres dedos deposita el brillante pedacito de níquel; con el primer número se suspende la señal en el auricular, y la noche, con todos sus múltiples espejos, queda a la expectativa. Siente contra el pecho uno de los ángulos de la hoja que ha doblado en cuatro.

En el momento en que contestan su llamada recobra, junto con su voz, su perfume y las palabras extraviadas. Antes de responder cierra los ojos y se dice, con un arrebato de gozo, con un inevitable sobresalto por el temor de olvidarlo más tarde: "Tengo nostalgia de tu cuerpo, que aún no he conocido."

II

Claudia se incorpora en el sillón y pasa un instante absorta, hasta aceptar esa nueva escala de sonido en donde pueden ya percibirse las gotas de agua que se estrellan contra la ventana. Al apagar el televisor un súbito silencio ha invadido la casa o, más bien, murmullos antes ignorados han quedado ahora en libertad.

Apoya ambos talones sobre el sillón, abraza sus rodillas, asienta sobre ellas el mentón. Sobre la mesita del centro —cristal y madera dorada— un niño de porcelana se recuesta sobre uno de sus flancos y observa el filo de luz que brilla bajo la puerta de entrada. Se queda muy quieta y recuerda sus manos sobre las suyas.

Encima de algún buró hay un despertador que acompasa su latido con el del reloj de pared que cuelga junto a la puerta de la cocina: aprende a distinguir las dos voces que se lanzan llamadas en clave, como centinelas alertas; primero la que viene de la recámara, después la más grave, en seguida casi se confunden, luego parece que callaran para recomenzar la discusión o el diálogo en otro tono; aunque sabe que no puede ser, que han sonado siempre igual, que es su descomunal soledad lo que irán transformando cada uno de los ruidos familiares, de los objetos cotidianos, de los espacios habituales, hasta el punto en que no sea capaz de reconocerlos y zozobre en un ámbito extraño, sin puntos de referencia posibles, poblado con peligros inefables.

Bajo cada una de las capas sonoras que componen las noches se extiende una más. La lluvia en los cristales de la ventana, las voces de los relojes, el agua que escurre por los rugosos muros y troncos y más allá la respiración de los que duermen. Surge de cada habitación y llena todo el espacio con tal afán que de pronto es ajena a los seres que la emiten y toda la casa parece respirar con ese ritmo que es como el del agua quieta en las orillas de un gran estanque. Intenta recordar su voz, el ritmo con que habla, las cosas que dice.

Se pone de pie. Cruza la sombra con sigilo. Teme los oscuros vanos de las puertas, las cortinas impenetrables, las ventanas que abren sus espejos transparentes, las sombras que arrojan los muebles, el ludir de las duelas. Teme aquel respirar inhumano que parece expandir y contraer el recinto entero. La rodean cuerpos inertes, imaginaciones confusas, una intuición titubeante de lo sobrenatural. El niño de porcelana permanece ensimismado. Es un chiquillo de ocho o nueve años, de facciones alargadas, pálido, casi rubio, de cuello delgado y blando como un tallo marchito: en la penumbra parece tendido sin esfuerzo —quiere evitar el pensamiento—, como si se hubiese ahogado.

Vuelve la vista hacia el comedor y las sillas vacías le producen un escalofrío. Con ansiedad recuerda entonces sus palabras, su rostro, sus manos, sus besos, cierra los ojos y respira intensamente; por un parpadeo se siente protegida... Después la lluvia, los relojes, las sombras, las duelas le devuelven su terror.

Se desviste con prisa, se mete bajo las sábanas, se cubre toda, dobla las piernas hasta que las rodillas llegan a su cara, cierra los ojos con fuerza, intenta recobrar su recuerdo. Más allá de las nubes un avión pasa con su melancólico atronar. Lo trasueña con ella en sitios que no conoce. Lo trasueña frente a una ciudad que jamás ha visto, erizada de torres y de banderas, los dos bajo un único paraguas, con los brazos enlazados, envueltos por una lluvia dócil que los separa de todos los demás.

Aunque cierra con mayor fuerza los ojos, aunque se aprieta contra las piernas, recuerda el gesto de la porcelana. Se pone de pie, asoma la cabeza, cruza hasta la ventana que da hacia el patio. Del alféizar donde el agua se ha acumulado caen gruesas gotas que revientan sobre las piñanonas. Escucha de nuevo la respiración que llena la casa, las voces coludidas de los relojes. Un relámpago ilumina los más distantes edificios. Regresa apresurada.

Esconde la cabeza bajo las sábanas, alza las rodillas, no se atreve a efectuar ningún movimiento. Se va sintiendo empequeñecida, cada vez más diminuta. Más allá de la tela que la cubre todo ha ido creciendo, del mismo modo que aquellos rumores desconocidos han ido llenando la noche. Si ahora quisiera salir del cuarto sufriría espantosamente para dejarse caer de la cama, para atravesar la desolada extensión que la separa de la puerta. Los relojes, las sombras, las ventanas, los muebles, las gotas de agua, los árboles tremolantes, las duelas, los que duermen le son ahora ajenos, contrarios, enemigos. Es en ese momento cuando llega hasta ella el agudo repiquetear del teléfono.

PRIMERAS TARDES CON TERESA

Los padres de Teresa son muy estrictos. Don Jorge y doña
Josefina no se andan con cuentos. Cuando queremos salir
a algún lado Teresa tiene que pedir permiso, y ellos hacen
toda clase de averiguaciones: con quién vamos, a dónde, a
qué hora regresamos, qué se hace allí, qué clase de gente
va, cómo se llega, a qué teléfono pueden hablarnos... Yo
aguanto el chaparrón como los buenos, con una sonrisa
de muchacho comprensivo que desarma a mi futura suegra. A veces mi actitud la orilla a darme una serie de
explicaciones que necesariamente llevan cierto tono de dis-
culpa: "Tú sabes qué tiempos son éstos, lo revuelto que
está el mundo... y una señorita decente... por eso prefe-
rimos que estén aquí temprano..." Cosas así, por el estilo.
Pero no me importa. Eso y más aguantaría yo por Teresa,
por sus profundos ojos de miel.

Tiene su gracia doña Josefina. Cuando llega a terrenos
delicados se ruboriza y baja la vista. Después de que nos
ha sermoneado abandona la sala y entra en el cuarto de la
televisión, donde don Jorge duerme con el periódico sobre
la cara. Como estamos pared de por medio nos enteramos
de cómo lo despierta y le cuenta los detalles: quién nos va
a acompañar, en dónde vamos a estar, a qué hora regresamos. Don Jorge gruñe sin abrir los ojos, lo cual significa
que se ha dado por enterado, y doña Josefina saca medio
cuerpo por el balcón de su recámara, entre las macetas de
geranios, para ver cómo nos vamos, así que no nos tomamos
de la mano hasta que hemos doblado la esquina.

A veces vamos a comprar helados, o a casa de las primas de Teresa, donde hay una mesa de ping-pong; otros días vamos mejor a casa de las Gutiérrez, donde cada vez que uno quiere puede abrir el refrigerador y sacar un refresco. También hemos ido a la feria, pero Teresa no le dijo a su madre que nos subimos juntos a la montaña rusa. Si se trata de ir a una fiesta es forzoso que nos acompañen las primas de Teresa, que un adulto jure sobre su cabeza que se encargará de llevarnos y recogernos sin jamás apartar de nosotros la mirada, que regresemos al filo de la medianoche y, por supuesto, que la fiesta se celebre en casa de gente conocida.

La verdad, no me molestan semejantes trámites. Eso y más aguantaría yo por Teresa y por la risa fosforescente que la invade cuando baila. Se contonea con verdadero placer, concentrada en cada movimiento, en cada compás. Y cuando siente que lo ha hecho bien conoce la felicidad.

A donde jamás nos han permitido ir es al cine. Incluso si son las tías de Teresa quienes nos invitan, o si va toda la cuadra. Ahí sí que don Jorge se faja los pantalones. Doña Josefina se ruboriza, baja la vista, se pellizca los dedos: "Comprendan, muchachos, no insistan, quédense aquí viendo la televisión. En el cine... bueno... ustedes saben la clase de películas que pasan ahora, pura violencia, puro sexo... Como que eso no conviene para unos jóvenes decentes. Yo no entiendo dónde tienen la cabeza tus tías para dejar que sus hijas vayan con los novios. Aunque sea así, en bola, no está bien. De veras, hijita, no me fastidies con eso, no está bien; ustedes deben comprender."

Y yo lo comprendo, con mi bien estudiada sonrisa de amplio criterio y resignada aceptación. Lo comprendo porque, al fin y al cabo yo sé, ustedes saben, lo que sucede en los cines. Como todo está oscuro y la gente dizque está concentrada en lo que pasa en la pantalla, pues hay forma de muchas cosas: uno se da la mano, se abraza, se acaricia; al principio como sin querer, después olvidándose de lo que sucede en la película. Con tal de que la sala no esté muy llena y de que cuando se enciendan las luces todos los botones estén en su sitio, es mucho lo que se puede disfrutar una función de cine. Así que en realidad lo comprendo.

Entiendo incluso que ni siquiera los padres de Teresa nos lleven con ellos al cine. ¿De qué color se pondría doña Josefina si está junto a nosotros y de pronto en la pantalla alguna actriz deja al descubierto unas hermosas tetas de aproximadamente veinte metros cuadrados?

Así que jamás hemos ido al cine juntos. Los sábados, cuando los padres de Teresa van a ver alguna película, nos dejan instalados en la televisión, con los hermanitos de Teresa al lado, peleoneros, glotones y adormilados tras el baño vespertino. Uno tiene que aceptar todo eso por el amor de una muchacha; por sus ojos melifluos, su risa destelleante, sus manos frías, sus muslos perfumados. Pues los padres de Teresa no tienen muy buena memoria. Han olvidado lo que pueden hacer los novios en las tensas tardes que arrulla la lluvia de verano, cuando exploran a solas su deseo, mientras en el cuarto vecino los niños no logran apartar la mirada del televisor.

EL ABUELO

Era la casa de los abuelos una gran L puesta en tierra. La parte corta daba a la calle; tenía cuatro grandes ventanas, largas como puertas, de rejas herrumbrosas y ennegrecidas, que permanecían siempre cerradas. Así dejaban fuera el ruido, el polvo, la prisa, los tranvías y la tristeza que nos daba ver a los niños de enfrente que no tenían zapatos y a veces ni siquiera calzones. El portón era de madera, grande como para dejar paso a un elefante. Tenía un postigo que se abría sin hacer ruido y que al cerrarse a nuestras espaldas anulaba toda memoria del exterior.

Por el interior de la colosal L corría una terraza espaciosa cuyo piso era un damero de mosaico. Al llegar a ella el jardín trepaba y se convertía en toda suerte de macetas. Las había humildes de barro moreno y ostentosas cubiertas con pedacería de espejos y colgantes troncos arribados del trópico, donde florecían las gardenias y helechos desbordantes puestos en relucientes botes de hojalata. Parecía como si toda esa variedad de plantas y de flores, los mastuerzos, los geranios, las violetas, las piñanonas, los alcatraces, las siemprevivas, sintieran ese mismo desasosiego que nos producían el silencio, la penumbra, los elevados cielos rasos de las habitaciones, y se acercasen con cautela para descubrir qué escondían aquellos callados recintos donde la atmósfera era un suavísimo aroma de vainilla. Mi hermana Nuri, como la millonaria y los gladiolos, se sentía atemorizada al penetrar en la casa.

El jardín era casi tan callado y umbroso como la terraza.

Era húmedo y recogido, con el suelo cubierto por una blanda capa de hojas y de tierra floja. Dos pinos de copas afiladas crecían en el fondo; en ellos anidaban bandadas de gorriones, y nosotros estábamos convencidos de que no había en el mundo árboles más altos.

La abuela nos tenía mucha paciencia. Nos tomaba de la mano y nos llevaba por cada maceta, cada bote, haciéndonos repetir los nombres de cada planta: "Li-rios, cla-ve-les, no-meol-vi-des. . ." iba yo diciendo, pero Nuri no podía ir tan de prisa porque ella era más chica y a veces eso le daba mucho coraje y nos peleábamos hasta que la abuela me amenazaba con mandarme adentro y yo volvía a hablar más despacio, aunque procuraba hacerles ver que lo hacía forzado y no porque no fuera capaz de dejar atrás a mi hermana. La abuela estaba siempre en la terraza; durante un tiempo yo llegué a creer que vivía allí, detrás del hinchado macetón del hule. Cuidaba las plantas, removía la tierra, arrancaba las hojas secas, leía sus novelas, tejía a gancho sentada en un equipal. Decía que estaba haciendo una colcha para cuando Nuri se casara, para que nos acordáramos de la abuela aunque ya hubiese muerto. Pero a nosotros nos parecía que más bien estaba tejiendo el manto de una reina.

De pronto aparecía por el corredor Herminia, gorda y jorobada, arrastrando los pies, con el cabello tan blanco como el de la abuela y su gran verruga en la barbilla; no tenía necesidad de hablar para decirnos que la comida estaba lista. Corríamos a lavarnos las manos, porque en la casa de los abuelos nos servían en la mesa grande, que tenía las patas talladas como garras de león y yo necesitaba que me pusieran una gran almohada en la silla, pero Nuri dos.

110

Así como la abuela pasaba todo el día en la terraza, el abuelo vivía en el jardín. Había ocasiones en que, cuando apenas entrábamos en la casa, ni siquiera nos dábamos cuenta de que por ahí andaba entre los limoneros o las higueras, buscando brevas. Aunque era más frecuente verlo en cualquier pedacito de sol, apoyado en su bastón, llenándose los pulmones con el aire tibio y húmedo; como él decía, "calentándome los... huesos". Porque antes de decir "huesos", el abuelo se detenía siempre un instante, como si fuera a decir otra cosa, pero entonces la abuela levantaba la cabeza, aunque estuviera bien lejos, y le gritaba: "Ya te oí, ¡vas a ver!", o algo parecido, y el abuelo terminaba su frase haciéndose el ingenuo. Porque cuando estaba de buen humor y quería molestar a la abuela, decía alguna palabrota. A veces, sólo por jugar, hacía como que iba a decir algo inconveniente, pero a la abuela no le gustaba eso ni de chiste. Así que cuando el abuelo hacía alguna de sus pausas todos callábamos y esperábamos que dijera alguna barbaridad, pero él no se daba por enterado y proseguía hasta terminar, con absoluta inocencia. Eran silencios tan breves que quienes no lo conocían yo creo que ni se daban cuenta, pero a nosotros nos entraba la risa; más risa nos daba cuanto la abuela más se enojara: no lo podíamos remediar. Hasta que de veras ella se molestaba y entonces nos repartía coscorrones o nos pegaba un par de gritos. "¡Qué sería de esos niños si quedaran en tus manos!", le decía al abuelo, que nos guiñaba un ojo.

¿A quién no le habría gustado pasarse la vida al lado del abuelo? Algunas tardes, después de comer, nos pedía que le lleváramos una silla y se sentaba en ella a la sombra de una bugambilia escandalosamente florecida, toda naranja. No es que él no fuera capaz de llevar la silla por

111

sí mismo, sino que le gustaba ver cómo batallábamos con el mueble, cómo nos esforzábamos por bajar la escalinata de la terraza sin tropezar y sin golpearlo demasiado; cómo Nuri, cuando ya casi habíamos llegado, se negaba a continuar y yo seguía adelante solo, bajo el dombo protector que me tendía la mirada del abuelo, sintiendo que cumplía una epopeya. A la sombra de las flores ocupábamos sus piernas mientras nos contaba historias de piratas, de duendes, de viajes por el espacio o bajo las aguas de lagos encantados y mares tropicales. Mientras nos dejábamos llevar por su voz confortante como el sol que despertaba la humedad de la tierra, jugábamos con las manos que nos sostenían, de piel suave y delgada, suelta sobre los huesos. En los momentos oportunos, por ejemplo cuando aparecía un tiburón, un monstruo intergaláctico o una bandera de corsarios, las manos del abuelo se endurecían y nos atenazaban las costillas: nos provocaban unas carcajadas irreprimibles, espasmos de risa que nos hacían perder el aliento —y él nos dejaba recobrarlo escondidos en su pecho, duro y descarnado, aspirando a bocanadas el perfume de tabaco y espliego entretejido en su camisa.

Otras tardes el abuelo jugaba gatos conmigo, pero entonces a Nuri le iba entrando el aburrimiento hasta que se le metía en la cabeza que el abuelo debía perseguirnos y comenzaba a dar lata hasta que él se levantaba de la silla y pretendía alcanzarnos. A veces blandía el bastón y vociferaba: ¡Malandrines, bellacos, os lanzaré al mar!", porque era un bucanero enfurecido. O fingía una voz perversa y crascitante, acentuaba la cojera, nos decía entrecerrando los ojos: "Ven aquí, chiquilín, déjame ver si estás gordito porque tengo hambre." Y después de haber pasado por un brujo goloso se metamorfoseaba en un cazador que quería llevar al zoológico un par de chimpancés parlanchines, un vaquero que buscaba reses remontadas, un fantasma un tanto torpe que espantaba a los aventureros que, imprudentes, buscaban en el jardín un tesoro de caramelos.

Pero el juego del fantasma no era el que más le gustaba al abuelo. Tampoco eran ésos nuestros juegos favoritos. El que nosotros preferíamos ni siquiera tenía nombre. Para jugarlo lo más importante era que nadie lo propusiera. También era deseable, aunque no imprescindible, que la abuela no estuviera instalada en la terraza —pues su presencia bastaba para que fuera mucho más difícil emprenderlo. De pronto había entre nosotros algo así como un resplandor, una voz secreta que nos ponía sobre aviso. Y llegado ese momento Nuri y yo nos veíamos con una mirada cómplice. Sin decir palabra comenzábamos a acosar al abuelo. Nadie corría. Nos movíamos con pasos rápidos y elásticos, cortándole las posibles rutas de escape hacia la terraza. Y esto como sin darse cuenta, como si no lo pretendiéramos, como a veces la gente tropieza en reuniones muy formales, desde lejos y sin tocarse. El abuelo serpenteaba entre los arriates hasta llegar al manzano y después avanzaba todavía hasta apoyarse con una mano en la barda de tabique, por encima de la erizada hilera de lirios y alcatraces. Y en ese instante Nuri y yo, que no cejábamos en la persecución, comenzábamos a reír. No la risa compulsiva que nos levantaban las cosquillas ni las carcajadas burlonas con que escapábamos del cazador o del filibustero, sino una sonrisilla nerviosa que nos iba creciendo mientras el abuelo recorría a tientas el muro, sin darnos la cara. Sólo miradas furtivas nos lanzaba, solamente rápidos vistazos por encima del hombro, mientras simulaba que quería escapar.

113

Al llegar al más recóndito rincón, donde el jardín concluía tras uno de los negros y tremolantes pinos, de pronto el abuelo daba media vuelta. Parecía entonces un engendro mítico, un ser colosal de ojos desbordados y pecho resoplante; se agazapaba un poco, contorsionaba el rostro enrojecido, alzaba un índice admonitorio y comenzaba a avanzar. Nuri y yo en ese momento no podíamos retener más la risa que nos ahogaba y la dejábamos salir a borbotones, con los ojos llorosos.

Queríamos correr y no atinábamos a hacerlo; apenas entrechocábamos uno con la otra, vacilantes y abandonados a nuestra risa, pues ya sabíamos lo que sucedería entonces. Ya sabíamos cómo el abuelo se inclinaría hacia nosotros, colocaría la suya entre nuestras cabezas y con un silbo, mientras por fin acertábamos a emprender la carrera, nos diría por lo bajo: "¡Cabrones, cabroncetes!"

ÍNDICE

Este libro se acabó de imprimir el día
30 de junio de 1978 en los talleres de
Gráfica Panamericana, S. C. L., Parro-
quia 911, México 12, D. F. Se tiraron
3 000 ejemplares y en su composición se
utilizaron tipos Bodoni de 14 y 12:14
puntos. La edición estuvo al cuidado
del autor.

688

Nº

LIBRARY OF DAVIDSON COLLEGE

Books on regular loan may be checked out for **two weeks**. Books must be presented at the Circulation Desk in order to be renewed.

A fine is charged after date due.

Special books are subject to special regulations at the discretion of the library staff.